L'homéopathie

DU MÊME AUTEUR

Dans « Le Livre de Poche »

101 CONSEILS POUR VOUS SOIGNER PAR L'HOMÉOPATHIE.
GUIDE FAMILIAL DE L'HOMÉOPATHIE.

Dr Alain Horvilleur

*Premier secrétaire général de la
Ligue médicale homéopathique internationale*

L'homéopathie
pour
mes enfants

HACHETTE

Bertrand

Un jour de printemps sa maman l'emmène au parc de la Tête d'or. Elle est assise sur un banc, au bord du lac, en train de lire. Bertrand, cinq ans, joue à côté d'elle au pied d'un arbre centenaire. Soudain, une guêpe le pique et son bras se met à enfler. Très rapidement Bertrand est pris d'une crise d'asthme. Ce n'est pas la première mais, cette fois, cela semble sérieux : l'enfant est dans un demi-coma. Sa mère, inquiète, le conduit à l'hôpital Édouard-Herriot.

Dans le service d'urgence pédiatrique on parle d'état de mal asthmatique. On prodigue les meilleurs soins, mais Bertrand ne va pas mieux. La cortisone à très forte dose n'arrive pas à le tirer d'affaire. Les heures passent...

Sa mère sent qu'il sombre. Elle est sur le point de s'effondrer. Puis l'instinct prend le dessus. « Il y a encore un traitement à tenter. Je viens de lire quelque chose sur les piqûres d'insecte. » Les nerfs tendus, elle fouille sa mémoire. Au début de ce même après-midi, quand elle était assise sur le banc au parc de la Tête d'or, elle lisait un livre d'homéopathie. Elle l'a encore dans son sac, l'ouvre fébrilement. « Ce médicament s'appelle APIS. Il faut que j'en trouve immédiatement. » Elle sort de l'hôpital. Dans une pharmacie on lui vend un tube d'APIS 9 CH. Anxieuse, elle retourne dans le service de pédiatrie. Elle demande à l'interne l'autorisation de glisser dans la bouche de Bertrand, son enfant en train de mourir, quelques grains blancs.

Et l'incroyable s'accomplit. L'homéopathie, dans ce

cas, agit mieux que la cortisone. Le souffle de Bertrand s'apaise. L'enfant revient à lui, sourit à sa maman : il est sauvé.

Je l'ai appelé Bertrand mais, en fait, je ne connais pas son nom. Cette histoire m'a été racontée au téléphone par la maman, encore tout émue, quelques jours plus tard. L'année suivante elle a encore appelé pour donner des nouvelles : son enfant va bien.

L'écrit a ses vertus. La vie de Bertrand valait bien la peine que je publie mon « Guide familial ».

Aujourd'hui je récidive avec cet ouvrage plus spécialement adapté aux maladies des enfants, plus fouillé dans le diagnostic, et accompagné de toutes les explications qu'un homéopathe donne habituellement aux parents. J'espère qu'il saura être l'ami de ceux qui cherchent pour le plus précieux d'eux-mêmes une chance de guérison.

Dr A. H.

Quelle médecine pour l'enfant ?

Le premier critère est l'efficacité. Il faut absolument guérir l'enfant malade. Le voir souffrir, gémir, être amorphe est insupportable. Et même si la maladie est bénigne on aimerait bien qu'elle disparaisse. Le traitement choisi doit agir vite, être atoxique, bien toléré.

Existe-t-il une médecine qui réponde à ces critères et qui, en plus, soit facile à administrer et bien acceptée par l'enfant ?

La réponse homéopathique

● **Particulièrement bien adaptée à l'enfant**. L'homéopathie est cette médecine. Bien sûr, en tant que thérapeutique de la personne, elle nécessite une analyse minutieuse des symptômes en cours : les réactions de l'enfant sont faciles à observer ; elles ne sont pas masquées par la pudeur ; quand il est en âge de s'exprimer, il décrit facilement et spontanément ce qu'il ressent.

De plus les petits grains blancs homéopathiques, avec leur goût légèrement sucré, lui plaisent beaucoup. Il les prend avec le sourire.

● **Satisfaire les parents les plus exigeants**. Les parents ont donc toutes les raisons de soigner leurs enfants par l'homéopathie. Contrairement à ce qu'on croit souvent, ce n'est pas une médecine lente. Elle peut soigner promptement des maladies aiguës. Si le traitement est correctement choisi, elle peut même être spectaculaire, nous l'avons vu avec l'histoire — un peu extrême mais absolument authentique — de Bertrand.

L'homéopathie est une médecine sans danger, ni effets secondaires. Un enfant peut avaler un tube complet (même si l'étiquette porte « ARSENICUM » ou « MERCURIUS ») d'un médicament homéopathique dilué : il ne se passera rien de grave. Difficile à croire ! Vous pensez qu'un médicament aussi peu toxique ne peut être efficace ? La réponse est simple : la maladie sensibilise l'organisme à l'action du médicament. Quand l'enfant va bien, le médicament n'a aucune action. Quand il est malade, le médicament agit parce que son corps en a besoin.

L'homéopathie, ce qui ne gâte rien, est une médecine bon marché, remboursée par la Sécurité sociale, et qui fait faire des économies à cet organisme.

● **En cas de maladie chronique.** Dans un cas chronique ou à rechutes l'homéopathie agit plus lentement, elle aide peu à peu l'enfant à retrouver son capital-santé, à s'épanouir. Elle respecte sa spontanéité, lui permet de tenir sa précieuse place au sein de la famille.

Principes généraux (et généreux) de l'homéopathie

La loi de similitude

La base essentielle de l'homéopathie est la loi de similitude, découverte en 1790 par Hahnemann : le médicament nécessaire correspond à la substance qui, expérimentalement chez l'homme sain, est capable de donner des symptômes comparables à ceux du malade.

Exemple simplifié : la belladone, à dose sub-toxique, provoque une angine rouge. BELLADONA sera un des principaux médicaments d'angine rouge. Ou encore : le café, qui avive l'esprit, sera (sous le nom de COFFEA)

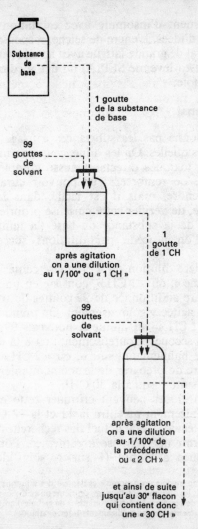

Substance de base

1 goutte
de la substance
de base

99
gouttes
de solvant

après agitation
on a une dilution
au 1/100° ou « 1 CH »

1
goutte
de 1 CH

99
gouttes
de solvant

après agitation
on a une dilution
au 1/100° de
la précédente
ou « 2 CH »

et ainsi de suite
jusqu'au 30° flacon
qui contient donc
une « 30 CH »

un médicament d'insomnie avec excitation cérébrale, abondance d'idées. L'encre de seiche, responsable à titre expérimental de grande fatigue avec nausées et mauvaise digestion, est (devenue SEPIA) un des médicaments de la crise de foie.

L'infinitésimal

On ne donne pas les substances à usage homéopathique telles quelles. On les dilue, ce qui permet d'éviter leurs effets toxiques directs et aussi, complément non négligeable, de renforcer leur pouvoir curateur. Cela peut surprendre, mais il est facile, dans la pratique quotidienne, de vérifier cette curieuse propriété.

On part de la substance de base (la teinture mère, T.M.) et l'on procède par dilutions successives au 1/100.

La première dilution ou « première centésimale hahnemannienne », ou « 1 CH », consiste en une goutte de teinture mère additionnée de 99 gouttes de solvant (eau + alcool) et agitée vigoureusement. On prend une goutte de cette « 1 CH », on ajoute à nouveau 99 gouttes de solvant, on secoue vigoureusement : on a la « deuxième centésimale hahnemannienne », ou « 2 CH ». La 2 CH va permettre de préparer de la même manière la 3 CH, et ainsi de suite jusqu'à la 30 CH[1].

Les scientifiques peuvent critiquer cette méthode et démontrer aisément qu'entre la 11 et la 12 CH il n'y a plus de molécule. L'état actuel des recherches ne permet pas de fournir une réponse argumentée. Pourquoi une 30 CH, diluée à l'infini (1 sur 1, suivi de soixante

1. Sur le même modèle on « monte » également des dilutions au dixième ou « DH ». Une fois les dilutions obtenues (au centième ou au dixième) on imprègne de fines sphères de saccharose + lactose (granules ou globules) qui sont les formes habituelles de présentation des médicaments homéopathiques.

zéros !), non identifiable par des réactifs et théoriquement vide, serait-elle active ? La science est encore muette sur ce point, mais la pratique quotidienne des homéopathes prouve qu'ils ont raison de s'en servir : il suffit que le médicament soit correctement choisi selon la loi de similitude.

« Ça marche » est une réponse non scientifique au possible, mais nous ne devons pas, au nom de l'esprit, nous priver d'une médecine efficace. Ce ne sont pas les parents, toujours soucieux du bien-être de leur enfant, qui diront le contraire.

La conception homéopathique du malade et de la maladie

Le choix du médicament homéopathique ne se fait pas en fonction du nom de la maladie à traiter, ou encore des symptômes passe-partout — indispensables au diagnostic — qui permettent de l'identifier. On tient compte de ces précieux renseignements, mais on cherche avant tout les caractéristiques particulières de chaque malade.

Dans un cas de fièvre par exemple, le sujet qui a soif ne recevra pas le même médicament que celui qui n'a pas soif. Le médecin a besoin de savoir également si le malade fébrile transpire ou non, a trop chaud ou trop froid, est rouge ou pâle, est abattu ou excité, etc. Tous ces éléments permettent de déterminer le médicament à prescrire. Il n'y a pas de médicament spécifique contre la fièvre, la toux, la rougeole, l'eczéma, la migraine...

Il n'y a que des cas particuliers : deux malades souffrant de la même affection ne recevront pas obligatoirement le même traitement.

Comment se servir de ce guide ?

Composition de chaque rubrique

Chaque rubrique comporte :
— si possible la cause de la maladie ;
— les principaux signes d'appel, les examens complémentaires que demande le médecin, l'évolution probable, le pronostic ;
— le traitement :
• homéopathique à chaque fois qu'il est possible, avec la posologie (qui est la même quel que soit l'âge de l'enfant, et la même que chez l'adulte : l'extrême dilution des substances permet cette performance) ;
• tous les moyens non homéopathiques lorsqu'ils sont indispensables : médecine chimique, chirurgie, etc. ;
— l'avis de l'homéopathe sur la manière de considérer la maladie, les précautions à prendre ;
— des conseils généraux de pédiatrie pratique ; ce livre n'est pas un livre de puériculture, mais il contient toutes les recommandations permettant de conduire l'enfant jusqu'à l'adolescence avec un maximum de sécurité.

La pharmacie homéopathique familiale

Pour être prêt à soigner les petits maux de la vie quotidienne de l'enfant, il est bon d'avoir en réserve quelques médicaments d'usage courant.

Il faudra, bien sûr, les produits habituels, nécessaires dans toute famille : coton, compresses et bandes de gaze stériles, alcool à 60°, mercurochrome, sparadrap « hypoallergique », petits pansements adhésifs, vaseline, huile d'amande douce, lait pour nettoyage de la peau, thermomètre, etc.

Sur le plan homéopathique, voici les principaux médicaments (trente en tout) qu'il faut avoir en réserve pour parer aux éventualités les plus fréquentes.

ACONIT 9 CH	EUPHRASIA 9 CH
ANTIMONIUM	GELSEMIUM 9 CH
CRUDUM 9 CH	HEPAR SULFURIS
ANTIMONIUM	CALCAREUM 9 CH
TARTARICUM 9 CH	IGNATIA 9 CH
ARGENTUM NITRICUM 9 CH	IPECA 9 CH
ARNICA 9 CH	LYCOPODIUM 9 CH
ARSENICUM ALBUM 9 CH	MAGNESIA PHOSPHORICA
BELLADONA 9 CH	9 CH
BRYONIA 9 CH	MERCURIUS SOLUBILIS 9 CH
CALENDULA T.M.	NUX VOMICA 9 CH
CARBO VEGETABILIS 9 CH	PHOSPHORUS 9 CH
CHAMOMILLA 9 CH	PODOPHYLLUM 9 CH
CHINA RUBRA 9 CH	PULSATILLA 9 CH
CINA 9 CH	RHUS TOXICODENDRON
COFFEA 9 CH	9 CH
EUPATORIUM	SAMBUCUS NIGRA 9 CH
PERFOLIATUM 9 CH	SULFUR 9 CH

Il y a plus de trente médicaments différents recommandés dans ce livre. La pharmacie familiale s'étoffera au fur et à mesure des incidents éventuels. Les médicaments peuvent se conserver plusieurs années.

Comment donner les médicaments homéopathiques à l'enfant ?

Présentation. Les médicaments homéopathiques recommandés ici se présentent sous forme de granules de la taille d'environ deux têtes d'épingle en verre. On en glisse trois sous la langue de l'enfant et on lui demande de les laisser fondre lentement. S'il ne comprend pas et les croque, le médicament agira tout de même, mais la voie sublinguale est la plus rapide.

On peut sans danger mettre trois granules homéopathiques dans la bouche d'un nouveau-né. Il ne risque pas de s'étouffer. Si cette méthode inquiète, on peut écraser les trois granules à travers un linge propre, à l'aide d'un rouleau à pâtisserie.

Les doses de globules (de la taille d'une tête d'épingle métallique), fréquentes dans les ordonnances, beaucoup moins dans ce livre, seront données en une fois (pour le nourrisson demander des doses de poudre).

Les gouttes sont à éviter car elles contiennent de l'alcool. Il vaut mieux faire fondre les granules correspondant à la même composition dans un peu d'eau.

Quand cesser ? En général, le temps d'administration des médicaments est indiqué pour chaque cas particulier. De toute manière il faut donner le traitement jusqu'à disparition des symptômes.

Aggravation médicamenteuse. Au début d'un traitement on peut avoir l'impression que les symptômes augmentent. Cela est tout à fait naturel, et même bon signe : l'organisme est en train de réagir. Cette aggravation est rarement insupportable, surtout chez l'enfant. De toute façon il faut continuer le traitement. Les granules produiront bientôt un effet directement positif.

Antidotes. Les antidotes classiques de l'homéopathie sont le camphre, la menthe, la camomille. Il est habituel de choisir un dentifrice sans menthe ; en revanche on peut donner un sirop à la menthe loin de toute absorption médicamenteuse. L'antidotisme est surtout net avec le camphre. On en trouve principalement dans les gouttes « pour le nez » et les révulsifs de poitrine. Un peu de sérum physiologique et les médicaments homéopathiques seront suffisants.

Les parents peuvent-ils soigner eux-mêmes leurs enfants ?

Les médicaments indiqués plus haut concernent les cas les plus courants. On aura parfois l'impression pour une rubrique donnée :
— que soigner l'enfant présente un risque ;
— qu'il est difficile de choisir la bonne rubrique, ou le bon médicament dans la rubrique ;
— que l'on ne trouve pas de traitement correspondant aux symptômes particuliers ;
— qu'un traitement de fond est nécessaire (pour une maladie chronique ou à rechutes).

Les parents qui choisiront de se servir de ce livre doivent bien connaître leurs limites : bien sûr un médicament mal sélectionné ne représente, en lui-même, aucun danger mais il peut y avoir risque de retard dans les soins indispensables (dans les maladies infectieuses, les hémorragies, les vomissements, la diarrhée, spécialement chez le nourrisson). Il faudra donc demander l'avis du médecin aussi souvent que nécessaire.

Demander l'avis de l'homéopathe au moindre doute

C'est **une règle d'or** : au moindre doute toujours préférer les conseils du médecin à ceux de cet ouvrage. On aura affaire au généraliste homéopathe (sa formation lui permet de soigner la plupart des cas de pédiatrie) ou au pédiatre homéopathe[1].

Dans un cas urgent, s'il n'y a pas d'homéopathe disponible, l'avis d'un médecin allopathe et l'application scrupuleuse de ses conseils représenteront la meilleure chance pour l'enfant.

1. Pour interpréter une ordonnance, voir dans la même collection, du même auteur : le « Guide familial de l'homéopathie » ; on y trouvera une étude des principaux médicaments.

L'homéopathie : un auxiliaire précieux

Lorsqu'il s'agit de la santé de l'enfant, de son avenir, de son bien-être, les conseils ne suffisent pas. On est inquiet au moindre incident, on voudrait être sûr d'avoir choisi la bonne façon de l'élever ou de le soigner. On voudrait savoir comment le rendre autonome et quelle place lui donner au sein de la famille.

La plus douillette bien entendu. A tout prendre, le choix est évident : suivez votre instinct comme la maman de Bertrand (page 5) ; soignez-le de façon naturelle.

L'homéopathie est le meilleur auxiliaire de l'amour.

a

Abcès, furoncle

Agir vite

Un abcès (collection de pus dans une cavité naturelle ou provoquée), un furoncle (cas particulier d'abcès de la peau organisé autour d'un poil et de la glande attenante, dû au microbe staphylocoque doré) peuvent se soigner par l'homéopathie à condition d'agir vite, surtout chez l'enfant.

Traitement général

Début d'abcès :

- Si la peau est rosée,
  APIS 9 CH,
  trois granules trois fois par jour, jusqu'à guérison.

- Si la peau est rouge,
  BELLADONA 9 CH,
  trois granules trois fois par jour, jusqu'à guérison.

Abcès constitué :

HEPAR SULFURIS
CALCAREUM 3 DH
TRITURATION,
une mesurette de poudre trois fois par jour.

Abcès traînant :

SILICEA 9 CH,
trois granules trois fois par jour, jusqu'à guérison.

Traitement local

CALENDULA T.M.,
vingt-cinq gouttes sur une compresse laissée en permanence et fréquemment renouvelée (que l'abcès soit fermé ou ouvert).

Ne jamais presser sur un abcès ou un furoncle. S'il le juge nécessaire, le médecin incisera pour faire sortir la collection purulente.

Les cas particuliers

En cas de furoncle de la face, consulter d'emblée, sans essayer le traitement ci-dessus.

En cas de furoncles à répétition, consulter l'homéopathe pour un traitement de fond.
▶ Voir également **Anthrax**, **Dents** (abcès dentaire), **Paupières** (orgelet), **Phlegmon**.

Abdomen

▶ Voir **Ventre**.

Abeille (piqûre d')

▶ Voir **Morsures et piqûres d'animaux**.

Absences

▶ Voir **Épilepsie**.

Accidents

▶ Voir **Blessures**.

Acétone

Une odeur de pomme reinette

L'acétone apparaît chez l'enfant lorsqu'il a épuisé les réserves de sucre de son organisme : il s'est trop fatigué, a sauté un repas ou est en train de débuter une maladie fébrile. Il puise alors dans ses réserves de graisse, et le sous-produit de ce recours exceptionnel est justement l'acétone, avec son odeur caractéristique de « pomme reinette » imprégnant l'haleine de l'enfant. L'analyse des urines confirme la présence d'acétone (parfois c'est seulement une découverte au cours d'un examen demandé à titre systématique par le médecin qui révélera le trouble).

Il faut calmer les vomissements (voir ce mot) s'il y en a, donner de l'eau sucrée et :
SENNA 9 CH,
trois granules toutes les heures jusqu'à amélioration.

Éventuellement soigner la cause infectieuse, la diarrhée en cours.

En elle-même la crise d'acétone n'est pas grave. L'enfant récupérera complètement.

En cas de crises à répétition, consulter un homéopathe qui prescrira selon les cas :
LYCOPODIUM,
PHOSPHORUS, SEPIA.

Quelquefois le diabète

Dans quelques cas l'odeur acétonique de l'haleine est le témoin d'un diabète (voir ce mot) latent. Il est souhaitable, à l'occasion d'une première crise d'acétone, de faire rechercher le sucre dans les urines.

Acné juvénile

Une infection des glandes de la peau

Infection des glandes « sébacées » (productrices de sébum, une substance grasse indispensable à la protection du revêtement cutané), l'acné survient dans la période pré-pubertaire ou pubertaire et siège spécialement sur la figure, les épaules, le dos.

Les antibiotiques « nettoient » spectaculairement la peau mais n'agissent pas sur les composantes circulatoires, hormonales et nerveuses de l'affection, et l'on assiste à une rechute spectaculaire dès l'arrêt du traitement. L'homéopathie a une action plus lente mais plus certaine.

Traitement général

Pour un cas simple et récent on peut essayer le traitement suivant (trois granules trois fois par jour du médicament choisi, jusqu'à disparition des boutons) :

- Points noirs, encore appelés comédons (témoins de l'oxydation du sébum), SELENIUM 9 CH.
- Pustules (boutons enflammés, témoins de la surinfection microbienne), KALIUM BROMATUM 9 CH.
- Kystes (apparaissent lorsque les glandes sébacées augmentent de volume), SILICEA 9 CH.

- Cicatrices violettes, ANTIMONIUM TARTARICUM 9 CH.

Pour un cas traînant ou particulièrement important, consulter un médecin homéopathe qui établira un traitement de fond adapté au terrain particulier de l'adolescent. Il faudra être patient.

Traitement local

Pommade au CALENDULA, pour les lésions particulièrement infectées.

Parfois il faudra avoir recours à un traitement mécanique (abrasion, neige carbonique) appliqué par un spécialiste.

Adénite, adénopathie

Inflammation des ganglions.

▶ Voir **Ganglions**.

Adénoïdite

Inflammation des végétations adénoïdes.

▶ Voir **Végétations**.

Adolescence

▶ Voir **Puberté**.

Adoption

Beaucoup de tendresse et quelques granules

Avant d'être choyé par ses nouveaux parents, l'enfant adopté a subi divers traumatismes affectifs et parfois plusieurs changements de milieux nourriciers. Il a un important besoin qu'on s'occupe de lui.

Rien ne peut remplacer l'amour qu'on lui prodiguera et dont il a manqué jusqu'à sa nouvelle vie. Cependant un traitement à base de :

PULSATILLA 9 CH,
trois granules trois fois par jour pendant deux ou trois mois (en commençant dès son arrivée) l'aidera à surmonter son handicap, à rattraper son retard affectif.

Ce traitement est valable quel que soit l'âge de l'enfant.

Informer l'enfant dès que possible

Si l'enfant a été adopté en très bas âge, il ne sera pas d'emblée conscient de sa situation. Il faut l'en informer dès que possible : vers quatre ou cinq ans il est en âge de comprendre. Il faut le faire progressivement, avec tact et amour, sans critiquer ses parents naturels, même s'ils l'ont abandonné.

L'adoption ne doit pas être cachée, sinon quelqu'un de l'entourage (croyant bien faire ?) se chargera de parler.

Aérophagie

▶ Voir **Éructations.**

Agité (Enfant)

▶ Voir **Comportement** (hyperactif).

Agressif

▶ Voir **Comportement.**

Albuminurie

▶ Voir **Néphrite, Néphrose lipoïdique, Urinaire** (infection).

Alcool

Pas d'alcool, même clandestin

Voici une évidence qu'il n'est pas inutile de rappeler. Il ne viendrait, bien sûr, à personne l'idée de faire boire régulièrement ou de façon massive de l'alcool aux enfants, mais il vaut mieux se

méfier des entrées clandestines :
– La maman ne doit pas boire
  d'alcool pendant la grossesse, ne pas désinfecter ses
  mamelons à l'alcool avant
  la tétée.
– Chez le nourrisson se méfier des médicaments, même
  s'ils sont homéopathiques,
  sous forme de gouttes, car
  ils contiennent toujours un
  peu d'alcool à 30° qui les
  maintient stériles.
– Chez l'enfant plus grand ne
  pas autoriser d'absorption,
  même minime, d'alcool (pas
  d'eau coupée de vin) qui
  peut avoir pour consé-
  quence de préparer le futur
  adolescent à une plus grande
  consommation.

L'alcoolisme juvénile

L'alcoolisme juvénile est de
plus en plus répandu et frappe
tous les milieux. Le combattre
c'est avant tout faire de la
prévention. L'homéopathe
aura son rôle à jouer en aidant
à la lutte contre l'anxiété, la
timidité, le malaise corporel
et affectif des adolescents, et
toutes causes pouvant les
amener à se laisser tenter par
l'alcool-médicament.

Alimentation
(du nourrisson et de l'enfant)

Plus de famine à la naissance !

Il faut donner au bébé sa
première tétée peu après sa
venue au monde (dès que les
soins sont terminés). On n'attend plus le lendemain avec
seulement de l'eau sucrée
comme on faisait autrefois.

Cela permet de déclencher
au plus vite le réflexe de tétée
que l'enfant possède naturellement et, chez la maman, le
déclenchement de la sécrétion
lactée.

Le premier lait à faire son
apparition au mamelon est le
colostrum, très riche et parfaitement adapté aux besoins du
nouveau-né. Le lait définitif
ne viendra que le quatrième
jour.

Le sein chaque fois que c'est possible

L'homéopathe, toujours
proche de la nature (par vo-
cation et nécessité), recom-
mande — sauf impossibilité
absolue — l'allaitement maternel.

Le bébé est déjà préparé à
digérer cet aliment biologique
qui contient, en qualité et

quantité équilibrées, tout ce qui est indispensable pour un développement harmonieux et une défense efficace contre l'infection et l'allergie : sucres, protéines, graisses, oligo-éléments, vitamines, anticorps.

Hygiène de vie de la maman qui allaite

Voici les principaux produits qui passent dans le lait maternel : alcool, nicotine, oxyde de carbone (de la cigarette) et de nombreux médicaments allopathiques (antibiotiques, sulfamides, laxatifs, produits à base d'iode, antiparasitaires, hypnotiques, tranquillisants, antidépresseurs, aspirine, diurétiques, hormones). Les produits inhalés (peinture, pesticides) passent également.

En résumé il faut manger sain, boire de l'eau, ne pas fumer et se soigner à l'homéopathie.

De plus le lait maternel est toujours prêt et à la température idéale. Il privilégie le contact intime, charnel, mère-enfant, ce qui donne au bébé un sentiment de sécurité et laisse à sa maman des souvenirs inoubliables. Si cela est possible elle doit, pendant les premiers mois, renoncer à son travail et se consacrer aux joies de la maternité. En outre, des recherches récentes semblent montrer qu'il y a moins d'obésité chez les enfants qui ont été nourris au sein.

Le nombre de tétées dépendra du rythme de la faim qu'on observera chez le bébé. Il n'y a donc pas lieu de prévoir des heures précises. De même il fixera lui-même la quantité qui lui est nécessaire. On donnera les deux mamelons à chaque tétée[1].

Les autres laits

Le lait de vache (coupé d'eau et de sucre) ou mieux le lait industriel (actuellement très au point et très proche du lait maternel) seront réservés aux cas où l'alimentation naturelle est impossible (maladie grave ou décès de la mère, cas sociaux), ou en complément si le lait maternel est insuffisant. Ils auront également leur rôle à jouer lors de l'introduction des farines à la fin du deuxième mois (voir plus loin).

Ne pas oublier de rincer soigneusement le biberon à l'eau bouillie après utilisation des produits modernes de nettoyage.

1. Argument supplémentaire et non négligeable en faveur de l'allaitement maternel : par voie réflexe, il aide l'utérus à revenir rapidement à sa taille normale.

Les incidents de la tétée

En cas d'incidents liés à l'allaitement (quel qu'en soit le type) :

- Diarrhée par le lait : voir **Diarrhée.**
- Éternuements pendant la tétée :
  NUX VOMICA 9 CH,
  trois granules au moment des éternuements.
- Gloutonnerie, le bébé tète trop précipitamment :
  ANTIMONIUM CRUDUM 9 CH,
  trois granules quelques minutes avant de le nourrir.
- Hoquet après la tétée : voir **Hoquet.**
- Intolérance (ou en tout cas mauvaise digestion) du lait de vache ou du lait industriel :
  AETHUSA CYNAPIUM 9 CH,
  trois granules trois fois par jour pendant toute la période de l'allaitement.
- Nez bouché pendant la tétée, rendant celle-ci pénible :
  NUX VOMICA 9 CH,
  trois granules quelques minutes avant de le nourrir.
- Pleurs après la tétée (il semble avoir mal au ventre) :
  NUX VOMICA 9 CH,
  trois granules au moment où il pleure.
- Régurgitation de lait :
  AETHUSA CYNAPIUM 9 CH,
  trois granules quelques minutes avant de le nourrir.
- Refuse de téter :
  CALCAREA PHOSPHORICA 9 CH,
  trois granules au moment où il refuse.
- Rot lent à venir après la tétée :
  NUX VOMICA 9 CH,
  trois granules après la tétée.
- Rots trop abondants :
  ARGENTUM NITRICUM 9 CH,
  trois granules trois fois par jour.
- Somnolence pendant la tétée :
  OPIUM 9 CH,
  trois granules trois fois par jour.
- Transpiration de la tête pendant la tétée :
  CALCAREA CARBONICA 9 CH,
  trois granules trois fois par jour.
- Vomissements habituels du lait après la tétée :
  AETHUSA CYNAPIUM 9 CH,
  trois granules avant chaque tétée.

Ne pas avoir peur de glisser trois granules dans la bouche d'un nouveau-né : ils fondront aisément sans qu'il ne s'étouffe. Bien sûr, on peut les écraser au rouleau à pâtisserie, à travers un linge propre.

Le sevrage et le passage à l'alimentation différenciée

Le mieux est le passage progressif du sein au biberon (avec un lait deuxième âge) à partir du quatrième mois[1]. On complète chaque tétée au sein plutôt que de remplacer une tétée par un biberon. Les farines (premier âge d'abord puis deuxième âge à partir du sixième mois lorsque le pancréas fonctionne normalement) épaissiront peu à peu le lait du biberon.

De même les légumes seront introduits à partir du quatrième mois (d'abord sous forme de bouillon), sauf les farineux et les épinards qui ne prendront place dans les repas qu'à partir du sixième mois. Les fruits peuvent être introduits à partir du quatrième mois.

Les fromages, les viandes, les jaunes d'œuf, les poissons seront donnés à partir du cinquième mois.

A un an le lait de vache et les œufs entiers sont permis.

A dix-huit mois les graisses cuites peuvent être consommées. A cette époque, l'alimentation est devenue semblable à celle de l'adulte, à quelques exceptions près, dont l'alcool et le café.

L'alimentation végétarienne

Les régimes dits « végétarien » (sans viande) ou « végétalien » (sans aucun aliment d'origine animale : ni lait ni œufs) sont trop pauvres pour les enfants. Ils provoquent des carences (spécialement en vitamines et en oligo-éléments et parfois en protéines) d'où certains retards de croissance, parfois des anémies, des déformations osseuses (rachitisme).

Allergie

Qu'est-ce que l'allergie ?

L'allergie peut être définie comme une réaction excessive (et pénible) de l'organisme après inhalation, ingestion, contact sur la peau, injection d'une substance à laquelle il est hypersensible.

La réaction entre l'agent extérieur (« allergène ») et l'organisme (« terrain ») peut provoquer diverses maladies, notamment au niveau de la peau (urticaire, eczéma, prurigo, œdème de Quincke) et des muqueuses (asthme, rhume allergique, rhume des foins, certaines toux, etc.). On y rattache également les migraines.

---

1. Troisième mois, si la maman doit reprendre son travail.

Il y a deux moyens principaux de guérir l'allergie : éradiquer l'agent responsable, modifier le terrain.

Éradiquer l'agent responsable

Pour cela il faut d'abord déterminer la nature de l'allergène et l'importance de la maladie, d'où les tests cutanés et certains examens de laboratoire que l'on fait à partir du sang de l'allergique (dosage des immunoglobulines « E », test de transformation lymphoblastique, test de dégranulation des basophiles).

Lorsqu'on a la notion de sensibilisation à des substances faciles à éliminer (une plante, les plumes de la literie), il est possible d'obtenir une amélioration avec quelques décisions simples. Mais l'animal familier, dont les poils peuvent être nocifs pour l'enfant allergique, pose des problèmes psychologiques délicats, qu'il faut savoir résoudre par l'éloignement sans pitié de l'animal. La poussière de maison (même si l'habitation est bien tenue) n'est jamais complètement supprimée.

On veillera cependant à :
- enlever moquettes et tapis ;
- avoir, autant que possible, des sols vernis ou carrelés ;
- préférer l'aspirateur au balai ;
- ne mettre dans la chambre de l'enfant que les meubles indispensables ;
- y supprimer les rideaux et les tableaux ;
- éviter les jouets en peluche.

Toutes ces mesures doivent être prises dans le calme, fermement, mais sans peur obsessionnelle de l'allergène, spécialement en cas d'atteinte respiratoire.

Modifier le terrain allergique

Il faut obtenir une modification de l'organisme telle qu'il ne soit plus sensible à l'allergène en cause.

Classiquement cela se fait par la technique de la « désensibilisation » avec des dilutions progressivement croissantes de l'agent responsable. La désensibilisation a des succès mais aussi des échecs : on arrive à supprimer la sensibilité à un allergène précis (« désensibilisation spécifique ») mais un autre peut prendre le relais ; on n'a pas vraiment modifié le terrain allergique dans son ensemble. En outre les enfants n'apprécient guère les piqûres hebdomadaires ou bimensuelles et qu'il faut poursuivre pendant des années.

On peut avantageusement remplacer la désensibilisation par un traitement homéopathique (conduit par un médecin) tout aussi efficace et moins astreignant.

Alopécie

▶ Voir **Cheveux**.

Amaigrissement

▶ Voir **Maigreur**.

Amour (besoin d')

▶ Voir **Comportement**.

Ampoule

▶ Voir **Blessures**.

Amygdales, amygdalite

▶ Voir **Angines**.

Anémie

Une pâleur anormale

L'anémie est la diminution du nombre des globules rouges dans le sang ou la baisse de leur teneur en « hémoglobine » (pigment transporteur d'oxygène).

La pâleur en est le premier symptôme, celui qui donne l'alerte. Non seulement la peau est décolorée, mais également les muqueuses (en particulier sous les paupières). Fatigue et essoufflement accompagnent cette pâleur.

Les causes sont multiples mais il y en a trois principales : manque de fabrication des globules rouges (par carences diverses, notamment en fer), destruction des globules rouges, pertes sanguines (hémorragies).

L'homéopathie : complément de l'allopathie

Seul un médecin peut établir un diagnostic précis à l'aide d'examens sanguins et mettre en route le traitement approprié. La plupart du temps les médicaments classiques (fer, vitamine B_{12}, voire transfusion) sont indispensables pour reconstituer le fond permanent de globules rouges.

L'homéopathie sera un traitement d'appoint pour fixer le résultat obtenu. En attendant la consultation ou dans un cas peu grave, donner à l'enfant, si l'anémie s'accompagne de :

● Fatigue,
CHINA RUBRA 9 CH,
trois granules trois fois par jour.

- Bouffées de chaleur,
  FERRUM METALLICUM
  9 CH,
  trois granules trois fois par jour.

- Amaigrissement,
  NATRUM MURIATICUM
  9 CH,
  trois granules trois fois par jour.

Angine, amygdalite

Les deux écueils : pas assez ou trop soigner

L'angine est rare avant l'âge de trois ans. Elle est due à un microbe (pneumocoque, staphylocoque et surtout streptocoque) ou à un virus (une fois sur deux).

Les amygdales sont enflées et rouges, ou bien rouges avec des points blanchâtres. Il peut y avoir des douleurs de gorge empêchant d'avaler (mais ce n'est pas fréquent chez l'enfant), des ganglions, des vomissements, des douleurs abdominales trompeuses. La fièvre est élevée.

Lorsqu'il s'agit de soigner une angine aiguë, on est pris entre deux écueils : mal soigner en se contentant de produits simples « pour la gorge » et laisser la porte ouverte aux complications (phlegmon, néphrite, rhumatisme articulaire aigu) ; trop soigner avec des antibiotiques à titre systématique, alors que, nous l'avons dit, une angine sur deux est virale et ne répond pas à ce traitement et que, parmi les microbes, seuls certains types de streptocoques sont susceptibles d'entraîner des complications.

L'homéopathie est-elle suffisante ?

Ceux qui ne « croient » pas à l'homéopathie ou ne savent pas bien la manier ont peur de s'en servir pour traiter une angine. Dans la plupart des cas elle est la réponse suffisante, à condition d'être appliquée avec prudence et de préférence sur avis médical. Il faut en effet que le traitement choisi corresponde exactement au cas. On peut alors être certain qu'il n'y aura aucune complication.

En cas d'impossibilité absolue d'avoir les conseils d'un médecin, soigner l'angine aiguë de la manière suivante :

- Angine rouge brillant,
  BELLADONA 9 CH,
  MERCURIUS SOLUBILIS
  9 CH,
  trois granules de chaque trois fois par jour jusqu'à guérison.

- Angine rouge sombre,
  PHYTOLACCA
  DECANDRA 9 CH,
  trois granules trois fois par jour.

- Angine rosée avec muqueuse translucide, œdématiée,
  APIS MELLIFICA 9 CH,
  trois granules trois fois par jour.

- Angine avec douleurs irradiées aux oreilles ou à la nuque,
  PHYTOLACCA
  DECANDRA 9 CH,
  trois granules trois fois par jour.

- Angine à points blancs,
  MERCURIUS SOLUBILIS
  9 CH,
  trois granules trois fois par jour.

- Amygdale gauche seule touchée,
  LACHESIS MUTUS 9 CH,
  trois granules trois fois par jour,
  à ajouter au traitement ci-dessus.

- Amygdale droite seule touchée,
  LYCOPODIUM 9 CH,
  trois granules trois fois par jour,
  à ajouter au traitement ci-dessus.

- Menace de phlegmon,
  HEPAR SULFURIS
  CALCAREUM 9 CH,
  trois granules trois fois par jour,
  à ajouter au traitement ci-dessus.

On peut faire un traitement local par gargarismes avec :

CALENDULA T.M. ⎫ aa
PHYTOLACCA T.M. ⎬ q.s.p.
⎭ 15 ml

vingt-cinq gouttes dans un bol d'eau tiède bouillie, deux ou trois fois par jour chez le grand enfant. Il n'y a pas lieu de s'inquiéter si l'enfant avale un peu de liquide.

Pour les angines à répétition le médecin homéopathe établira un traitement de fond en fonction du terrain particulier. En attendant la consultation, on peut commencer à donner à l'enfant :

BARYTA CARBONICA
9 CH,
trois granules trois fois par jour.

Les amygdales : des chiens de garde

Les amygdales ne doivent pas être considérées comme de petites masses rondes et inutiles au fond de la gorge. Elles jouent un rôle dans la lutte contre l'infection. Ce sont les chiens de garde des voies aériennes supérieures. Sauf cas particulier, il vaut mieux ne pas les faire enlever chirurgicalement, ni en cas d'angines à répétition ni sur la simple constatation qu'elles sont grosses ou pleines de trous (amygdales « cryptiques »). Si on le faisait on ne guérirait pas pour autant la tendance de l'organisme à avoir des infections à répétition. Celles-ci se manifesteraient ailleurs : on n'aurait fait que déplacer le problème.

Si les amygdales sont très grosses, il faut temporiser avec un traitement homéopathique. A mesure que l'enfant grandira, ses amygdales, tout en restant à leur volume initial, prendront de moins en moins de place dans sa gorge.

▶ Voir également **Diphtérie, Phlegmon.**

Angiome

Des capillaires dilatés

Il s'agit de vaisseaux capillaires dilatés en un point quelconque de la peau, formant des taches rouges ou violacées :
- soit sous forme de taches sans relief dites « angiomes plans » ou (peu gentiment) « taches de vin » ; elles sont de dimensions variables et présentes dès la naissance ;
- soit sous forme de petites framboises surélevées dites « angiomes tubéreux », qui apparaissent après la naissance.

Éviter le geste local

Il faut éviter les interventions chirurgicales ou la neige carbonique qui laissent des cicatrices alors que beaucoup de ces angiomes, surtout lorsqu'ils sont de taille modeste, régressent spontané-

ment (après le sixième mois). Pour hâter le processus donner à l'enfant :

CALCAREA CARBONICA 9 CH,

trois granules trois fois par jour, dix jours par mois, jusqu'à disparition.

Il n'y a que les angiomes importants d'emblée qui nécessitent une consultation.

Angoisse

▶ Voir **Nervosité.**

Animal familier

Un membre de la famille

L'animal familier est un compagnon de jeux idéal, surtout le chien. Presque toujours bien disposé envers l'enfant, proche de lui par la taille, il contribue à son équilibre et à son éducation. Sa présence est souhaitable à chaque fois que le mode de vie familial le permet, et si tout le monde est d'accord.

Les incidents

Quelques incidents peuvent toutefois survenir :
- des problèmes d'allergie (voir ce mot) aux poils de chien, de chat, de cobaye ; c'est le seul cas où il vaut mieux ne pas avoir d'animal chez soi ;

– éventuellement une morsure ou une griffure (voir **Morsures et piqûres d'animaux, Griffes du chat**) mais cela est exceptionnel ;
– si l'enfant a peur de l'animal, voir **Peurs** ;
– si l'enfant est cruel avec l'animal familier, lui donner :
MERCURIUS SOLUBILIS 9 CH,
trois granules trois fois par jour, pendant quelques semaines.

Anorexie mentale

Maigre et brillante

Anorexie est le nom scientifique utilisé par les médecins pour désigner le manque d'appétit (voir ce mot). L'anorexie mentale est un cas très particulier.

La forme la plus habituelle est celle qui survient parfois chez la jeune fille d'un niveau intellectuel brillant, surtout vers seize-dix-sept ans. Exceptionnellement on la rencontrera chez le nourrisson, le grand enfant, l'adolescent de sexe masculin, voire la jeune femme adulte.

Pas d'appétit, pas de règles

L'anorexie consiste en :
– Une restriction progressive de l'alimentation (en l'absence de maladie organique pouvant l'expliquer), cachée aussi longtemps que possible, et pour laquelle l'adolescente fournit des explications « logiques » : lutte contre la cellulite, nécessité de maigrir, même si ces raisons ne sont pas justifiées ; si on la force à manger elle se fait vomir en cachette ; en fait la perte d'appétit ne survient que secondairement, il s'agit d'un refus volontaire de s'alimenter.

– Un amaigrissement qui, après un certain temps, peut prendre un aspect inquiétant, impressionnant ; une perte d'un tiers du poids est possible et peut atteindre dans les cas dramatiques cinquante pour cent (alors qu'au départ de l'affection le poids était normal ou à peu près normal).

– Un arrêt des règles, qui est constant.

– Une baisse de la tension artérielle, de la température corporelle.

– Des troubles digestifs : langue chargée, haleine fétide, constipation.

– La peau se ride ; les ongles, les cheveux deviennent cassants ; les dents se carient.

– L'activité intellectuelle est conservée, les études sont généralement poursuivies.
– Et, surtout, la jeune fille ne se plaint de rien et n'a pas envie de consulter.

Rechercher le conflit

L'anorexie mentale est souvent liée à des perturbations émotionnelles, voire à un choc affectif, un conflit familial. Les parents doivent persuader la jeune fille d'aller chez le médecin (qui la recevra seule et leur parlera ensuite séparément), l'entourer d'un maximum d'affection et de compréhension (sans chercher eux-mêmes à découvrir le mécanisme de ce qui se passe), au besoin suggérer une psychothérapie.

L'homéopathie est un soutien très efficace de cet état. Le médecin homéopathe saura trouver un traitement de fond, souvent PULSATILLA ou NATRUM MURIATICUM.

Le traitement sera long mais la guérison est très possible si la jeune fille le désire. On pourra l'affirmer lors de la reprise du poids et du retour des règles.

Anthrax
Plusieurs furoncles juxtaposés

Collection purulente sous la peau, due à la confluence de plusieurs furoncles, avec infiltration des tissus environnants. L'anthrax devrait céder à :

ANTHRACINUM 9 CH,
ARSENICUM ALBUM 9 CH,
LACHESIS MUTUS 9 CH,
trois granules de chaque toutes les heures, en alternance.

Consulter si l'on n'obtient pas de résultat rapide.

Antibiotiques
Homéopathie ou antibiotiques ?

L'infection fait peur, surtout chez l'enfant. Les parents souhaitent un traitement prompt, efficace, sans danger. Or, lorsqu'il est bien conduit, le traitement homéopathique répond à ces critères. On peut donc, dans certains cas, s'aider des conseils de ce livre pour combattre une maladie infectieuse bénigne et consulter un médecin homéopathe dans les cas plus sévères. Chaque fois que celui-ci le jugera nécessaire, ne pas refuser le recours aux antibiotiques. On imagine mal un médecin homéopathe, même très expérimenté, se passer des antibiotiques en cas de ty-phoïde ou de méningite céré-bro-spinale.

Le médecin homéopathe n'est pas « contre les antibio-tiques », mais contre leur em-ploi systématique (d'autant plus que beaucoup d'affec-tions fébriles de l'enfant sont d'origine virale et ne justifient pas ce traitement).

Les règles à observer

– On évitera les antibiotiques chaque fois que l'on pourra, sans faire prendre de risque à l'enfant.
– Le mélange antibiotiques - homéopathie n'est pas dan-gereux, quoique rarement nécessaire.
– C'est toujours l'intérêt de l'enfant et l'avis du méde-cin qui priment.

Anus

Selon les petits incidents qui peuvent se voir au niveau de l'anus de l'enfant, on es-saiera :

● Démangeaisons (chez l'en-fant il s'agit le plus souvent de vers) :
TEUCRIUM MARUM 9 CH, trois granules trois fois par jour, jusqu'à disparition de la dé-mangeaison.

▶ Voir aussi **Parasites** (vers).
● Eczéma :
GRAPHITES 9 CH, trois granules trois fois par jour.
Localement
Crème au CALENDULA, une ou deux fois par jour.
Consulter un homéo-pathe s'il n'y a pas de ré-sultat rapide.
● Fissure anale.
Elle se caractérise, outre une ulcération en forme de ra-quette à l'examen de l'anus, par une douleur vive pen-dant la défécation, avec éventuellement un peu de sang. La cause la plus fré-quente chez l'enfant est la constipation. Un cercle vi-cieux peut s'installer car la présence d'une fissure dou-loureuse fait que l'enfant se retient et est encore plus constipé. Lui donner :
GRAPHITES 9 CH, NITRICUM ACIDUM 9 CH, RATANHIA 9 CH, trois granules de chaque, trois fois par jour, en alternance, jusqu'à disparition de la fis-sure.
Localement
Appliquer la pommade au RATANHIA, une ou deux fois par jour.

▶ Voir aussi **Constipation.**
● Hémorroïdes.
Elles ne sont pas excep-

tionnelles chez l'enfant. Elles sortent en général, sans saignement ni douleur, lorsqu'il pousse pour aller à la selle. En attendant l'avis du médecin, donner :

MURIATICUM ACIDUM 9 CH,
trois granules trois fois par jour.

Localement

Pommade AESCULUS COMPOSÉ, une à deux fois par jour.

● Hémorragie anale : voir **Hémorragie.**

● Incontinence anale : voir **Encoprésie.**

● Prolapsus rectal.

Il s'agit de la sortie de la muqueuse rectale à travers l'anus après la selle. On voit alors un bourrelet rouge, qui peut saigner. Cela est plus impressionnant que grave et rare de nos jours. Il faut remettre doucement et complètement la muqueuse en place, le doigt protégé d'un doigtier de caoutchouc enduit de vaseline. Donner à l'enfant :

PODOPHYLLUM 9 CH,
trois granules trois fois par jour, pendant les 15 jours qui suivent la remise en place.

Les injections sclérosantes et la chirurgie seront exceptionnellement nécessaires. L'affection guérira

définitivement avant l'âge de dix ans.

Éviter la constipation (voir ce mot).

● Rougeur simple de l'anus. Donner à l'enfant :
SULFUR 9 CH,
trois granules trois fois par jour, jusqu'à disparition de la rougeur.

Localement

Appliquer de la pommade au CALENDULA.

▶ Voir aussi **Érythème fessier du nourrisson.**

Anxiété

▶ Voir **Nervosité.**

Aphonie

▶ Voir **Laryngite.**

Aphtes

▶ Voir **Bouche.**

Appendicite

Un diagnostic difficile

Les principaux symptômes de l'appendicite sont : douleur du ventre à droite (pas obligatoirement forte) un peu en dessous de la ligne de l'ombilic (nombril), perte de l'appétit, nausées ou vomissements, langue chargée, constipation, fièvre modérément élevée. Le médecin complète son diagnostic par un « toucher rectal », lequel provoque une douleur dans la région de l'appendice. La palpation du ventre révèle une « défense » de la paroi abdominale : elle se contracte à cause de la douleur lors de la pression douce.

Attention : tout mal de ventre de l'enfant ne signifie pas obligatoirement appendicite. Rien n'est plus difficile à affirmer que ce diagnostic ; il existe de nombreux cas douteux. Le médecin est donc parfois amené à faire hospitaliser l'enfant sur une simple présomption, afin qu'il soit sous surveillance. On évite ainsi tout risque de péritonite (voir ce mot).

Traitement chirurgical

Il n'y a pas de traitement homéopathique de l'appendicite vraie. L'intervention est indispensable.

Pendant le transport en milieu chirurgical, glisser dans la bouche de l'enfant :

PYROGENIUM 9 CH,
trois granules, une seule fois.

Douleur nerveuse

Si l'enfant se plaint d'une douleur dans le ventre, à droite, et que toute appendicite a été formellement éliminée par le médecin, donner :

IGNATIA 9 CH,
trois granules toutes les heures, jusqu'à disparition de la douleur.

Appétit

Il ne mange pas assez

En cas de perte soudaine de l'appétit chez un enfant qui habituellement mange bien, il faut consulter, car il peut s'agir d'une maladie débutante.

Si le manque d'appétit est chronique, il peut s'agir également d'une maladie nécessitant un diagnostic et un traitement. Il est donc recommandé de prendre l'avis du médecin au moindre doute. Cependant, dans de nombreux cas, celui-ci ne trouvera aucune trace de maladie et pensera alors à un comportement (voir ce mot) d'opposition. Beaucoup de parents sont confrontés à ce problème et s'inquiètent. Ils doivent dominer leur anxiété, ne pas la montrer, ne pas forcer l'enfant à manger coûte que coûte, ce qui ne ferait que renforcer sa détermination. Parfois il s'agit même d'un manque d'appétit estimé mais non réel. Tranquillement, en surveillant discrètement le poids, faire prendre à l'enfant :

CHINA RUBRA 3 DH,
GENTIANA LUTEA 3 DH,
trois granules de chaque trois fois par jour pendant quelques semaines.

Soigner également la nervosité de l'enfant.

▶ Voir aussi **Anorexie mentale.**

Il mange trop

Si un nouveau-né mange trop, il ne faut rien faire, surtout s'il est allaité au sein : la quantité de lait qu'il absorbe correspond sans doute à ses besoins.

Après l'âge de trois mois, on peut lui donner :

ANTIMONIUM CRUDUM 9 CH,
trois granules trois fois par jour, pendant trois mois.

Pour le grand enfant atteint de boulimie (il a toujours faim) on peut penser à une cause générale : hyperfonctionnement de la glande thyroïde, diabète sucré (voir ces mots). La plupart du temps en fait, il s'agira :

– soit d'une habitude familiale (on mange « copieusement »), à lui faire perdre si cela est possible ;

– soit de difficultés psychologiques à régler avec l'aide d'un médecin (homéopathe, bien sûr).

En attendant la consultation on peut commencer un traitement à base de :

ANTIMONIUM CRUDUM 9 CH,
IGNATIA 9 CH,
trois granules de chaque trois fois par jour.

▶ Voir aussi **Alimentation, Obésité.**

Arthrite

▶ Voir **Rhumatismes.**

Ascaris

▶ Voir **Parasites** (vers).

Asphyxie

Asphyxie du nouveau-né

Quand l'accouchement a été un peu long ou qu'un « circulaire du cordon » a provoqué un début d'étranglement du nouveau-né, ou encore lorsque celui-ci a inhalé du mucus au moment de sa naissance, il peut être légèrement asphyxié. Bien sûr, le traitement principal demeure la réanimation par l'équipe spécialisée de la maternité. Si possible lui glisser dans la bouche :

ANTIMONIUM TARTARICUM 5 CH, CARBO VEGETABILIS 5 CH,

un granule de chaque écrasé, à répéter éventuellement au bout d'une heure.

Asphyxie par corps étranger dans les voies aériennes

L'enfant a joué avec un petit objet rond (perle, caillou, haricot) et celui-ci s'est fixé dans le nez, le larynx ou les bronches. Ou encore l'enfant a fait une « fausse route » alimentaire.

Donner immédiatement l'alerte aux services d'urgence. Tout en attendant l'arrivée des secours, calmer l'anxiété de l'enfant en glissant sous sa langue :

GELSEMIUM 9 CH, trois granules.

Pendant ce temps une autre personne essaiera de faire sortir l'objet inhalé en procédant de la manière suivante : se placer derrière l'enfant, contre lui, poser le poing fermé à mi-chemin entre le creux de l'estomac et le nombril, enserrer ce poing dans l'autre main et donner des coups secs *vers le haut* (sans toutefois être trop violent afin de ne pas provoquer de lésion).

On peut ne pas avoir assisté à l'accident. Si l'enfant est trop petit pour décrire ce qui arrive, penser au corps étranger des voies aériennes devant les symptômes suivants, apparus subitement : agitation, toux, suffocation, congestion du visage, écoulement nasal d'un seul côté.

Un point particulier mérite d'être connu par les parents : la gaine des cacahuètes est particulièrement toxique pour les bronches. En cas d'inhalation il faut hospitaliser l'enfant même si l'on a réussi à faire sortir la cacahuète. Et, bien sûr, ne jamais laisser de cacahuètes à la portée des petits enfants.

Asphyxie par le gaz

Il n'y a pas de traitement homéopathique immédiat. On doit alerter les pompiers et, si l'on est secouriste, pratiquer les premiers soins de réanimation.

Au sortir du service d'urgence, pour éviter les séquelles, on donnera à l'enfant :

CARBO VEGETABILIS 9 CH,

trois granules trois fois par jour, pendant trois mois.

Asthme

Maladie d'origine allergique évoluant par crises, due à une inflammation et à des spasmes bronchiques. L'asthme de l'enfant peut se soigner par l'homéopathie.

Principaux symptômes de la crise

La survenue est le plus souvent nocturne. On constate un essoufflement avec gêne expiratoire : l'enfant a du mal à faire sortir l'air de sa poitrine ; il respire plus lentement que d'habitude ; il préfère être assis ; son visage exprime l'anxiété ; il n'a pas de fièvre ; des sifflements se font entendre dans sa poitrine.

Chez le nourrisson on aura plutôt une *bronchite asthmatiforme* avec : fièvre, toux sèche, respiration rapide et bruyante, battement des ailes du nez. Cela disparaît vers l'âge de deux ans. L'enfant n'est pas obligatoirement condamné à avoir de l'asthme plus tard.

N'étouffez pas l'enfant asthmatique !

Il est insupportable de voir un enfant — son enfant — littéralement s'asphyxier, avoir du mal à libérer l'air de sa poitrine, montrer un visage tendu et gris. Et, cependant, il faut demeurer calme. Ne pas laisser sa propre anxiété aggraver celle de l'enfant. En le surprotégeant, on fixe la maladie.

Traitement de la crise

Donner trois granules de cinq en cinq minutes ou de quart d'heure en quart d'heure, selon l'intensité de la crise, de l'un des médicaments suivants :

Selon la cause

- Asthme après un eczéma apparemment guéri, ARSENICUM ALBUM 9 CH.
- Asthme par temps de pluie, DULCAMARA 9 CH.
- Asthme après une contrariété, IGNATIA 9 CH.
- Asthme après les repas, NUX VOMICA 9 CH.

Selon les modalités

- Crise d'asthme améliorée quand l'enfant est penché en avant, KALIUM CARBONICUM 9 CH.
- Amélioration à genoux, la tête contre le plancher (dans la position de la prière musulmane), MEDORRHINUM 9 CH.

- Amélioration étendu sur le dos les bras en croix,
  PSORINUM 9 CH.
- Aggravation après avoir dormi,
  LACHESIS 9 CH.

Selon les symptômes accompagnateurs

- Asthme avec sensation de brûlure dans la poitrine,
  ARSENICUM ALBUM 9 CH.
- Asthme avec agitation,
  ARSENICUM ALBUM 9 CH.
- Asthme avec gros ronflements entendus à distance,
  ANTIMONIUM TARTARICUM 9 CH.
- Asthme avec sifflements dans la poitrine,
  IPECA 9 CH.
- Asthme avec nausées,
  IPECA 9 CH.
- Asthme avec expectoration de petites masses rondes et grises comme du tapioca,
  KALIUM CARBONICUM 9 CH.
- Asthme avec douleurs piquantes dans la poitrine,
  KALIUM CARBONICUM 9 CH.
- Asthme avec sensation de chaleur dans la poitrine,
  PHOSPHORUS 9 CH.
- Bronchite asthmatiforme du nourrisson (avec fièvre et battement des ailes du nez),
  FERRUM PHOSPHORICUM 9 CH,
  LYCOPODIUM 9 CH,
  trois granules de chaque, de quart d'heure en quart d'heure.

En cas d'hésitation entre deux ou trois des médicaments ci-dessus, les alterner de quart d'heure en quart d'heure. Parfois l'allopathie (à base de théophylline et de sédatifs doux, exceptionnellement de cortisone) est plus efficace.

Traitement de fond

Dans le domaine de l'asthme, l'homéopathie est irremplaçable en tant que traitement de fond. Le médecin homéopathe déterminera le terrain particulier de l'enfant et lui prescrira un traitement de longue durée, à faire même en l'absence de crise.

Parfois il y aura lieu de supprimer les plumes de la literie, d'éliminer les sources de poussière, d'éloigner l'animal familier (voir **Allergie**).

Astigmatisme

▶ Voir **Vue**.

Athrepsie

▶ Voir **Maigreur**.

Attention
(Difficulté de l')

▶ Voir **École**.

Audition

▶ Voir **Surdité**.

Autisme

▶ Voir **Psychose**.

Automobile
(Malade en)

▶ Voir **Transports**.

Avaler **(Difficulté pour)**

▶ Voir **Angine, Comportement**.

Avion **(Malade en)**

▶ Voir **Transports**.

b

Bagarreur

▶ Voir **Comportement.**

Bain

▶ Voir **Fièvre, Hygiène.**

Balanite

▶ Voir **Verge.**

Ballonnement abdominal

Une simple fermentation

Dans les régions tempérées le ballonnement abdominal des enfants est le plus souvent bénin, et dû à une fermentation intestinale.

- Chez le nourrisson on donnera,
  CALCAREA CARBONICA
  9 CH,
  trois granules trois fois par jour, jusqu'à disparition du ballonnement.

- Chez le plus grand enfant on donnera, selon la localisation, trois granules de l'un des médicaments suivants, jusqu'à disparition des troubles :
  CARBO VEGETABILIS
  9 CH,
  en cas de ballonnement au niveau de l'estomac ;
  LYCOPODIUM 9 CH,
  en cas de ballonnement de la partie inférieure du ventre ;
  CHINA RUBRA 9 CH,
  en cas de ballonnement à la fois de l'estomac et du ventre.

Basedow (Maladie de)

▶ Voir **Thyroïde.**

Bateau (Malade en)

▶ Voir **Transports.**

Bave abondamment

▶ Voir **Salive.**

Bec-de-lièvre

▶ Voir **Malformations**.

Bégaiement

▶ Voir **Langage**.

Berce (Se)

▶ Voir **Comportement**.

Blépharite

Inflammation du bord des paupières (voir ce mot).

Blésité

▶ Voir **Langage**.

Blessures, accidents

Les petits accidents font partie de son éducation

Malheureusement c'est en tombant, en se piquant, en se brûlant, que l'enfant va apprendre à connaître les limites de ses gestes.

Plus grand, il risque de revenir de l'école avec une bosse ou une coupure. Il faut admettre un certain nombre de ces accidents, tout en essayant de surveiller l'enfant, de l'éduquer, de lui expliquer comment les éviter. Attention surtout à l'électricité, aux escaliers, aux objets placés en hauteur sur un meuble, aux armes, aux cheminées, aux piscines, aux produits ménagers et aux médicaments chimiques. Que d'embûches sur le chemin de la vie ! Tâchons de le protéger dans le calme.

Les premiers soins

Donner à l'enfant trois granules trois fois par jour d'un ou plusieurs des médicaments suivants :

● Ampoule,
CANTHARIS 9 CH.

Localement

Pommade au CALENDULA, deux applications par jour.

● Bosse,
ARNICA 9 CH.

Localement

ARNICA T.M., en compresse aussitôt que possible après le choc, pour éviter la formation d'une bosse.

● Brûlure.

Dans 80 p. 100 des cas chez l'enfant il s'agit du résultat d'une aspersion par un liquide bouillant. Pour les brûlures étendues il faut évidemment hospitaliser. Pour les petites brûlures il suffira de donner :
CANTHARIS 9 CH.

Localement

Ne pas percer la cloque s'il s'en forme une ; appliquer deux fois par jour de la vaseline au CALENDULA.

- Cicatrices : voir ce mot.

- Claquage musculaire, RHUS TOXICODENDRON 9 CH.

- Contusion sans plaie : voir **Bosse** (ci-dessus), **Hématome** (ci-dessous).

- Coupure, STAPHYSAGRIA 9 CH, si les bords sont nets. ARNICA 9 CH, si les bords sont lacérés.

Localement

CALENDULA T.M., deux fois par jour.

- Ecchymoses : voir **Hématome**, ci-dessous.

- Entorse, foulure. Élongation de l'un des ligaments d'une articulation (notamment du genou ou de la cheville). L'avis d'un médecin peut être nécessaire pour éliminer une entorse grave ou une fracture. En cas d'entorse bénigne : ARNICA 9 CH, RHUS TOXICODENDRON 9 CH, RUTA GRAVEOLENS 9 CH, trois granules de chaque trois fois par jour pendant dix jours.

Localement

Faire des compresses avec ARNICA T.M., sauf en cas de plaie associée.

- Fracture.

Une fois le traitement orthopédique réalisé par le spécialiste (plâtre ou tout autre mode de contention) ou l'opération terminée (en cas de fracture ouverte), donner pour aider à la consolidation : SYMPHYTUM 9 CH, trois granules trois fois par jour et CALCAREA PHOSPHORICA 6 DH, deux comprimés trois fois par jour pendant un mois.

Beaucoup de fractures chez les enfants sont bénignes et guérissent sans déformation séquellaire. Ce sont de simples fractures « en bois vert ».

- Gelure, SECALE CORNUTUM 9 CH.

Localement

HYPERICUM T.M., deux applications par jour.

- Hématome, ecchymoses, contusion.

Après un coup, un peu de sang s'est répandu hors des vaisseaux capillaires dans le muscle environnant. Donner : ARNICA 9 CH.

Localement

ARNICA T.M., sauf s'il y a une plaie associée.

En cas d'hématomes spontanés à répétition consulter, il peut s'agir d'une maladie du sang.

● Hémorragie après un coup : ARNICA 9 CH.

Voir le médecin en cas d'hémorragie importante ou persistante.

● Morsures d'animaux : voir **Morsures.**

● Œil (Traumatisme) : voir **Yeux.**

● Panaris : voir ce mot.

● Piqûres par écharde, aiguille, clou, épine : LEDUM PALUSTRE 9 CH.

Localement

Appliquer des compresses imbibées de LEDUM PALUSTRE T.M.

▶ Voir aussi **Morsures et piqûres d'animaux.**

● Plaies bénignes : LEDUM PALUSTRE 9 CH.

Localement

Nettoyer avec CALENDULA T.M.

Les plaies importantes nécessitent l'avis d'un médecin. Demander également un avis pour toute plaie, même minime, si l'enfant n'est pas à jour pour la vaccination antitétanique.

● Traumatisme fermé (sans plaie) : voir **Traumatisme.**

Boiterie

Vérifier les chaussures

Il faut d'abord penser à des petites causes qui pourraient passer inaperçues. Une chaussure mal adaptée, trop petite, peut faire boiter un enfant. Il peut aussi avoir un caillou dans sa chaussure et ne pas être en âge de le dire.

La chute

Il peut avoir fait une chute et ne pas s'en souvenir, ou ne pas vouloir le dire. En cas de boiterie récente (un jour ou deux), on peut donner à l'enfant :

ARNICA 9 CH,
trois granules trois fois par jour.
Au-delà de deux jours consulter.

La verrue plantaire

Il faut aussi s'assurer que la plante du pied est bien lisse. Si l'on découvre une verrue, donner :

NITRICUM ACIDUM 9 CH,
trois granules trois fois par jour jusqu'à disparition.

Sinon consulter

En cas de boiterie persistante, il faut consulter. Le médecin portera un diagnostic précis après examen de l'enfant et éventuellement radiographies et analyses de laboratoire. Les causes médicales les plus fréquentes sont :

– Une arthrite inflammatoire de la hanche ou « rhume de hanche », souvent dans les suites d'une rhino-pharyngite, que le médecin homéopathe soignera très aisément.

– Une infection articulaire.

– Une atteinte du cartilage d'une des articulations, nécessitant une surveillance orthopédique.

– Une malformation (luxation congénitale de hanche), mais en général le diagnostic aura été porté dès la naissance et un traitement orthopédique entrepris avant la marche.

▶ Voir aussi **Hanches.**

Bosse

▶ Voir **Blessures.**

Bosse séro-sanguine

Un chapeau de clown

Au moment de la naissance (spécialement après un accouchement à la ventouse) le bébé peut présenter une bosse, un hématome sous-cutané dû à la présence de sang entre les os du crâne et le cuir chevelu. Cela donne à la tête de l'enfant un aspect en chapeau de clown, impressionnant pour les parents mais tout à fait bénin. Donner :

ARNICA 12 CH,
une dose-poudre dans un peu d'eau, à ne pas répéter.

Bouche

Divers troubles peuvent se voir au niveau de la bouche d'un enfant.

Les aphtes

Ces petites ulcérations douloureuses, assez fréquentes, durent de une à deux semaines et sont volontiers récidivantes.

Les aphtes du nourrisson

Ils réagissent en général à :
BORAX 9 CH,
trois granules trois fois par jour (éventuellement fondus dans un peu d'eau).

Il faut faire disparaître les aphtes au plus vite car ils empêchent le nourrisson de s'alimenter normalement.

Chez le grand enfant

On donnera, en fonction des symptômes, trois granules trois fois par jour de l'un des médicaments suivants jusqu'à guérison :

- Aphtes avec sensation de brûlure dans la bouche, améliorée par la chaleur, ARSENICUM ALBUM 9 CH.
- Aphtes avec salivation abondante et mauvaise haleine, MERCURIUS SOLUBILIS 9 CH.
- Aphtes avec douleurs piquantes, NITRICUM ACIDUM 9 CH.
- Aphtes avec exsudation d'un liquide jaunâtre, SULFURICUM ACIDUM 9 CH.

Localement

Dans tous les cas, badigeonner PLANTAGO T.M. diluée dans un peu d'eau tiède bouillie.

La gingivite

Donner trois granules trois fois par jour de l'un des médicaments ci-dessous jusqu'à retour de la gencive à la normale.

- Pour l'abcès des gencives, HEPAR SULFURIS CALCAREUM 9 CH.
- Si elles sont enflées et spongieuses, MERCURIUS SOLUBILIS 9 CH.
- Si elles saignent, PHOSPHORUS 9 CH.

Un mauvais goût dans la bouche

Donner pendant quelques jours,
PULSATILLA 9 CH,
trois granules trois fois par jour.

Le muguet ou candidose

Il s'agit d'une inflammation de la bouche par une levure, appelée *Candida albicans*, survenant assez souvent dans les semaines qui suivent la naissance. On reconnaît le muguet aux plaques blanchâtres adhérant à la muqueuse buccale, qui est elle-même rouge vif. Quand on regarde à l'intérieur de la bouche du bébé on dirait que la peau du lait est restée sur la muqueuse, mais la différence est facile à faire : la peau du lait s'enlève aisément, contrairement à la plaque de muguet. Il faut soigner rapidement avant que le bébé ne refuse de téter. Lui donner :
CANDIDA ALBICANS 9 CH,
MERCURIUS SOLUBILIS 9 CH,
trois granules de chaque trois fois par jour, jusqu'à disparition des plaques (éventuellement faire fondre les granules dans un peu d'eau, ou les écraser).

Localement

Nettoyer l'intérieur de la bouche avec une compresse

imbibée d'eau bicarbonatée.
Faire bouillir les tétines après
chaque biberon pour éviter le
réensemencement.

La stomatite

Il s'agit d'une inflammation
de toute la bouche, d'origine
infectieuse. La gorge peut être
atteinte. Il y a parfois de la
fièvre. Dans ce cas donner :
   BORAX 9 CH,
   MERCURIUS SOLUBILIS
   9 CH,
   trois granules de chaque trois
   fois par jour, pendant six à huit
   jours.

Localement

Badigeonner trois fois par
jour PLANTAGO T.M., diluée
dans un peu d'eau.

Penser à la possibilité que
l'enfant ait ingéré un produit
toxique et consulter au
moindre doute.

▶ Voir aussi **Dents, Haleine,
Herpès, Langue, Lèvres, Pica.**

Boudeur

▶ Voir **Comportement.**

Bouillaud (Maladie de)

▶ Voir **Rhumatismes.**

Boulimie

▶ Voir **Appétit.**

Boutons de chaleur

Des têtes d'épingle

Au début de l'été le nourrisson peut avoir dans le cou
ou sur les épaules de minuscules boutons rosés, survenant quand il a beaucoup
transpiré. Ils sont de la taille
d'une tête d'épingle. Le traitement homéopathique est :
   ACONITUM NAPELLUS
   9 CH,
   trois granules trois fois par jour
   (éventuellement à faire fondre
   dans un peu d'eau) jusqu'à disparition.

Traitement préventif

Habiller le nourrisson légèrement si le temps est chaud.

▶ Voir aussi **Sudamina.**

Boutons de fièvre

▶ Voir **Herpès.**

Bronchiolite

La « bronchite capillaire »

La bronchiolite est une maladie du nourrisson et du jeune
enfant jusqu'à trois ans, assez
sévère, encore appelée bronchite capillaire. Elle survient
en général dans les suites d'une
rhino-pharyngite. Les symptômes en sont : fièvre à plus
de 39 °C, gêne respiratoire im-

portante avec respiration rapide, sifflements ou ronflements dans la poitrine, thorax distendu, toux incessante, battement des ailes du nez, congestion de la face (qui peut être bleue).

La règle est l'hospitalisation pour traitement énergique et oxygénation.

Si pour une raison ou une autre cela est impossible, donner :

PHOSPHORUS 9 CH,
LYCOPODIUM 9 CH,
CARBO VEGETABILIS
9 CH,
dix granules de chaque à faire fondre dans un grand verre d'eau ; une cuillerée à café toutes les demi-heures ou toutes les heures jusqu'à amélioration.

Bronchite

« Toux » n'est pas synonyme de « bronchite »

Dès qu'un enfant tousse on a tendance à parler de bronchite. Or ce n'est pas toujours le cas. La bronchite comporte, bien sûr, une toux (sèche puis grasse) parmi ses symptômes mais la toux (voir ce mot) peut venir d'une autre cause.

La bronchite est une infection des bronches (d'origine virale ou microbienne). Elle s'accompagne de fièvre (autour de 39 °C). Le médecin perçoit des râles (bruits anormaux) à l'auscultation de la poitrine. Le crachat purulent, un autre signe de bronchite, ne se voit que chez le grand enfant (et l'adulte). Le petit enfant ne sait pas cracher.

Devant la difficulté — et la nécessité — d'un diagnostic précis, il est recommandé de consulter. L'homéopathe saura soigner la plupart des cas de bronchite sans avoir recours aux antibiotiques. Si l'on est éloigné de tout médecin homéopathe on pourra essayer le traitement suivant. Donner systématiquement :

HEPAR SULFURIS
CALCAREUM 9 CH,
FERRUM
PHOSPHORICUM 9 CH,
trois granules de chaque trois fois par jour.

Selon les symptômes, ajouter trois granules trois fois par jour jusqu'à guérison de l'un des médicaments suivants :

● En cas de bronchite avec gros ronflements dans la poitrine, étouffement par les mucosités, somnolence, ANTIMONIUM TARTARICUM 9 CH.

● En cas de bronchite avec sifflements dans la poitrine, IPECA 9 CH.

● En cas de bronchite avec petite toux sèche, BRYONIA ALBA 9 CH.

- En cas de bronchite avec gros crachats jaunes, MERCURIUS SOLUBILIS 9 CH.
- En cas de bronchite avec crachats jaune verdâtre filants, KALIUM BICHROMICUM 9 CH.

La bronchite aiguë à répétition

La bronchite à répétition relève de l'homéopathie. Consulter. Le médecin donnera un traitement de terrain adapté à chaque cas, recherchera un foyer infectieux éventuel constituant le point de départ des rechutes, s'assurera qu'il n'y a pas de bronchite chronique.

▶ Voir aussi **Dilatation des bronches.**

Les autres formes de bronchite

Chez le nourrisson la *bronchite asthmatiforme* correspond à une forme particulière d'allergie (voir **Asthme**). Il peut survenir également une *bronchite capillaire* (voir **Bronchiolite**).

Il existe d'autres formes d'infection pulmonaire (voir ci-après **Broncho-pneumopathies**).

Broncho-pneumopathies

Les diverses formes d'infection des poumons

Derrière le nom savant de broncho-pneumopathies on regroupe diverses infections des poumons et des bronches :
– bronchite (voir ce mot),
– bronchiolite (voir ce mot) ou bronchite capillaire,
– broncho-alvéolite,
– broncho-pneumonie,
– congestion pulmonaire,
– pneumonie atypique,
– pneumopathie virale.

Le médecin saura différencier ces maladies et établir le traitement. Il faut montrer l'enfant au moindre doute, spécialement en cas de fièvre, toux, battement des ailes du nez, point de côté chez le grand enfant, essoufflement, rhino-pharyngite traînante. L'homéopathie sera efficace dans beaucoup de ces cas.

Brucellose

La fièvre ondulante

Infection bactérienne provenant d'une contamination par les animaux de ferme, encore appelée fièvre de Malte, la brucellose atteint plus les adultes que les enfants. Elle n'est pas contagieuse d'une personne à l'autre, mais après contact avec un animal infecté ou ingestion de son lait (le lait de chèvre principalement).

Le premier symptôme est une fièvre à 39-40 °C qui dure quelques jours, disparaît, revient et ainsi de suite par plateaux successifs. Il peut y avoir également de la fatigue, de la constipation, des maux de tête, des sueurs, une vague éruption. Si le diagnostic n'est pas fait, ces manifestations peuvent continuer pendant plusieurs mois.

Le traitement repose sur les antibiotiques. On peut y adjoindre sans danger :
HEPAR SULFURIS
CALCAREUM 9 CH,
trois granules trois fois par jour jusqu'à guérison.

Brûlures

▶ Voir **Blessures.**

Bulles

De grosses cloques

Devant la survenue spontanée de grosses cloques sur la peau, encore appelées bulles par les médecins, il faut consulter immédiatement ; il s'agit assez souvent d'un pemphigus, maladie bénigne due au microbe staphylocoque. Dans certains cas peuvent suffire :
CANTHARIS 5 CH,
HEPAR SULFURIS
CALCAREUM 5 CH,
trois granules de chaque trois fois par jour jusqu'à guérison.

Mais un diagnostic précis de la cause est préférable. Voir un médecin, homéopathe si possible.

C

Calculs

Calculs des voies urinaires, ou lithiase rénale

Plus rares chez l'enfant que chez l'adulte, les calculs urinaires peuvent cependant se voir. Ils provoquent des douleurs, des émissions de sang dans les urines, de l'infection urinaire (voir **Urinaire**). Parfois on a la surprise de trouver du « sable » dans les couches du nourrisson.

Dans tous les cas on peut consulter un homéopathe qui :
– recherchera la cause (malformation, anomalie de la circulation du calcium, etc.) ;
– entreprendra un traitement homéopathique si le calcul est situé dans l'uretère ;
– préparera l'enfant à l'intervention chirurgicale si le calcul siège dans le rein lui-même ;
– évitera les récidives grâce à un traitement de fond à long terme.

▶ Voir **Colique néphrétique.**

Calculs des voies biliaires

Exceptionnels chez l'enfant.

Candidose

▶ Voir **Bouche** (muguet).

Capricieux

▶ Voir **Comportement.**

Caractériel

Un enfant qui souffre

Un enfant caractériel est, selon la définition communément admise, un enfant ayant des troubles d'adaptation aux milieux qu'il fréquente (familial, scolaire, social), troubles présentant une intensité pathologique. C'est surtout un enfant qui souffre, qui n'a pu trouver d'autres moyens de s'exprimer. Quelquefois il n'est pas aimé, quelquefois il l'est trop. Le plus souvent il a l'impression de ne pas l'être.

Cet enfant ne doit pas être

classé comme irrécupérable. Le montrer à un médecin homéopathe qui pourra l'aider par un traitement de longue durée.

Les parents doivent également essayer de changer d'attitude envers lui, même s'ils ont l'impression d'avoir toujours agi pour le mieux. Il faudra du temps et beaucoup d'amour, même non payé de retour.

▶ Voir aussi **Comportement.**

Caries dentaires

▶ Voir **Dents.**

Cataracte

▶ Voir **Yeux.**

Cauchemars

▶ Voir **Sommeil.**

Céphalée

▶ Voir **Tête.**

Cérumen

▶ Voir **Oreilles.**

Chalazion

▶ Voir **Paupières.**

Chaleur (Coup de)

Le grand risque : la déshydratation

Il s'agit de la survenue d'une fièvre chez un nourrisson ou un enfant de moins de deux ans qui a été exposé à un excès de chaleur (pièce trop chauffée et mal aérée, chaleur excessive de l'été, voiture fermée, excès de vêtements).

L'enfant est rouge et en sueur. La déshydratation le guette ou est déjà amorcée. La température est au-dessus de 40 °C. Parfois, l'enfant est demi-conscient. Sa peau « garde le pli ».

Si l'enfant va très mal : l'hospitaliser de toute urgence en lui donnant à boire et en le déshabillant pendant le transport.

S'il est simplement rouge et reste conscient, le mettre dans un bain à 1 °C en dessous du chiffre de sa fièvre, lui donner à boire à volonté et lui faire sucer :

BELLADONA 5 CH,
trois granules de cinq en cinq minutes, ou de quart d'heure en quart d'heure selon l'intensité des symptômes.

Prévention du coup de chaleur

L'été, s'il fait très chaud, habiller peu l'enfant, lui donner régulièrement à boire (de l'eau sucrée), ne pas le laisser dans une voiture au soleil.

L'hiver, se méfier des appartements surchauffés ; mettre un humidificateur dans sa chambre.

▶ Voir aussi **Boutons de chaleur, Sudamina.**

Champignons de la peau

▶ Voir **Parasites.**

Chéloïdes

▶ Voir **Cicatrices.**

Chevelu (Cuir)

Les croûtes de lait

Il s'agit de la séborrhée du nourrisson, faite de squames épaisses qui apparaissent pendant les premières semaines de la vie. Elles sont dues à une abondante sécrétion des glandes du cuir chevelu. Cela n'a rien à voir avec la qualité du lait, ni avec l'eczéma. Donner :

CALCAREA CARBONICA 9 CH,
HEPAR SULFURIS CALCAREUM 9 CH,
trois granules de chaque trois fois par jour (à faire éventuellement fondre dans un peu d'eau), jusqu'à guérison.

Localement

Utiliser de la vaseline salicylée ou de l'huile d'amande douce pour enlever délicatement les croûtes.

Les démangeaisons du cuir chevelu sans cause

OLEANDER 9 CH,
trois granules trois fois par jour.

L'eczéma du cuir chevelu

GRAPHITES 9 CH,
VIOLA TRICOLOR 9 CH,
trois granules de chaque trois fois par jour, en attendant le traitement de fond établi par l'homéopathe.

Les loupes

Il s'agit de kystes bénins des glandes du cuir chevelu. On ne fait rien si la grosseur est cachée par les cheveux. Si elle est apparente, la faire enlever chirurgicalement et donner pour éviter les récidives :

BARYTA CARBONICA 9 CH,
trois granules trois fois par jour, pendant quelques mois.

Le psoriasis

▶ Voir ce mot.

Cheveux

Les cheveux de l'enfant n'aiment ni les détergents que sont les savons courants, ni l'alcool contenu dans les lotions. Le shampooing pour bébé (même chez le grand enfant) sera donc seul utilisé, une fois par semaine.

La chute diffuse des cheveux, ou alopécie

Elle a des causes multiples : infectieuse, médicamenteuse, parasitaire (voir plus loin dans cette rubrique, teigne), nerveuse. Il faut donc consulter. En attendant on peut donner :
PHOSPHORICUM ACIDUM 9 CH,
trois granules trois fois par jour.

La pelade

Il s'agit de la chute des cheveux en une ou plusieurs plaques rondes localisées. Elle est en principe d'origine nerveuse. S'inspirer de la rubrique **Nervosité** et ajouter systématiquement :
FLUORICUM ACIDUM 9 CH,
trois granules trois fois par jour, jusqu'à guérison.

Les cheveux gras

Ne pas faire de shampooing plus d'une fois par semaine, cela ne fait qu'augmenter (par réaction) la production du sébum, substance responsable des cheveux gras. Donner :
PHOSPHORICUM ACIDUM 9 CH,
trois granules trois fois par jour, jusqu'à amélioration.

Les pellicules

Les pellicules sont dues à une desquamation du cuir chevelu lorsqu'il est trop sec. Parfois il y a une lésion dermatologique : eczéma, parasites (champignons), psoriasis (voir ces mots).

● Pour les pellicules sans cause apparente donner :
PHOSPHORICUM ACIDUM 9 CH,
trois granules trois fois par jour, jusqu'à amélioration.

Les cheveux secs

THUYA 9 CH,
trois granules trois fois par jour, jusqu'à amélioration.

La teigne

Maladie épidémique de l'enfant survenant par contagion scolaire. Elle se voit entre trois et quinze ans. Elle est due à diverses variétés de champignons microscopiques que l'analyse permet d'identifier. On observe des plaques arrondies recouvertes de squames au milieu desquelles les cheveux sont clairsemés et cassés courts (dans la plaque de pelade, voir plus haut, il n'y a ni squames ni cheveux).

Un traitement local chimique est indispensable pour détruire les champignons. On peut ajouter :
MEZEREUM 9 CH,
trois granules trois fois par jour, jusqu'à amélioration.

La trichotillomanie

L'enfant arrache ses cheveux.

▶ Voir **Comportement** (cheveux).

Il mange ses cheveux

▶ Voir **Comportement** (cheveux).

Choléra

Il existe un traitement homéopathique efficace contre le choléra mais il est préférable de faire hospitaliser l'enfant pour une surveillance et une réhydratation énergiques. Si l'on est dans un pays démuni de ressources hospitalières et de médecin homéopathe, donner :

● Au début de la maladie, surtout s'il y a état de choc (perte des forces, pâleur du visage, corps froid) :
CAMPHORA 9 CH.

● S'il y a état d'agitation :
ARSENICUM ALBUM 9 CH.

● Si le grand enfant se plaint de crampes :
CUPRUM METALLICUM 9 CH.

● S'il y a prédominance de la diarrhée sur les autres symptômes, avec sueurs froides :
VERATRUM ALBUM 9 CH.

● Si la diarrhée sent très mauvais :
ARSENICUM ALBUM 9 CH.

Donner trois granules toutes les heures du médicament sélectionné. En cas de doute, alterner toutes les demi-heures deux ou trois des médicaments ci-dessus.

Ne pas confondre le choléra avec ce que l'on appelait autrefois le choléra infantile, qui est en fait la gastro-entérite (voir ce mot).

Chorée

La danse de Saint-Guy

La chorée, ou danse de Saint-Guy, est une maladie infectieuse due au streptocoque, microbe également responsable du rhumatisme articulaire aigu. Ces deux maladies sont actuellement exceptionnelles.

La chorée atteignait plus spécialement les filles. Elle

provoquait des petits mouvements anormaux, involontaires, en saccades, et des grimaces. Ces mouvements n'étaient jamais les mêmes, contrairement aux tics qui sont stéréotypés.

Si on craint une chorée, il faut consulter. En attendant donner à l'enfant :
MYGALE 9 CH,
trois granules trois fois par jour.

Chute des cheveux

▶ Voir **Cheveux**.

Cicatrices

Pour atténuer d'éventuelles cicatrices ou traiter leurs complications, donner trois granules trois fois par jour de l'un des médicaments suivants selon la cause, l'aspect, le symptôme, jusqu'à amélioration.

- Bourgeonnement,
GRAPHITES 9 CH.
  Localement
  On peut appliquer la pommade au GRAPHITES, mais elle est noire ; il faudra donc l'utiliser la nuit sous une compresse solidement fixée.
- Chéloïdes (mauvaises cicatrices surélevées),
GRAPHITES 9 CH.

Localement
Voir Bourgeonnement ci-dessus.
- Cicatrice de brûlure,
CAUSTICUM 9 CH.
- Cicatrice rouge,
LACHESIS 9 CH.
- Cicatrice bleue,
SULFURICUM ACIDUM 9 CH.
- Démangeaison au niveau d'une cicatrice,
FLUORICUM ACIDUM 9 CH.
- Cicatrice douloureuse par temps sec,
CAUSTICUM 9 CH.
- Cicatrice douloureuse par temps humide,
PHYTOLACCA 9 CH.
- Cicatrice douloureuse aux changements de temps,
NITRICUM ACIDUM 9 CH.
- Cicatrice douloureuse le long d'un trajet nerveux,
HYPERICUM 9 CH.
- Cicatrice entourée d'une série de vésicules,
FLUORICUM ACIDUM 9 CH.
- Prévention de la mauvaise cicatrisation après intervention chirurgicale,
STAPHYSAGRIA 9 CH,
à poursuivre pendant toute la durée de la cicatrisation.
- Cicatrice qui se rouvre, suppure,
SILICEA 9 CH.

● Cicatrice qui saigne,
LACHESIS 9 CH.

Cinquième maladie

Maladie éruptive bénigne d'origine virale, la cinquième maladie ressemble à la rubéole. Il s'agit de petites taches rosées descendant des joues aux membres et au tronc, guérissant spontanément. On peut hâter la guérison en donnant :
PULSATILLA 9 CH,
trois granules trois fois par jour, pendant cinq ou six jours.

Cette maladie ressemble également à la sixième maladie ou roséole infantile (voir ce mot).

Claustrophobie

▶ Voir **Comportement**.

Clignements des yeux

▶ Voir **Tics**.

Cœliaque (Maladie)

La malabsorption de certaines farines

Il s'agit d'une maladie du nourrisson due à l'intolérance à une protéine particulière, la gliadine, contenue dans les céréales et plus spécialement dans la partie de celles-ci appelée gluten. Elle apparaît quelques semaines à quelques mois après l'introduction des farines dans l'alimentation.

Le nourrisson a des selles volumineuses, pâteuses, fréquentes, d'odeur fétide. Son ventre est flasque ou ballonné, son thorax étroit. Il a un retard de taille et de poids. Ses membres sont grêles. Il est pâle, anémique, apathique, voire triste. Il n'a pas faim. Ceci est le tableau complet. Mais le mécanisme de la maladie (intolérance à la gliadine) est bien connu des médecins et, de nos jours, on voit surtout des formes frustes car l'on sait détecter précocement la maladie.

Proscrire les farines contenant de la gliadine

Le traitement consiste avant tout en un régime excluant la gliadine du gluten. On doit proscrire les produits à base de blé, seigle, avoine, orge : pain, pâtes, pâtisseries, plats cuisinés à l'avance. Le pédiatre donnera la liste des produits du commerce ne contenant pas de gliadine et indiquera le régime à faire suivre à l'enfant jusqu'à l'âge de cinq ans environ. Ensuite, on pourra introduire progressivement les farines classiques sous surveillance médicale. Un jour l'enfant pourra manger de tout, sans risque.

Traitement homéopathique

En plus du régime un traitement homéopathique permettra de garantir un bon état général. LYCOPODIUM, PHOSPHORUS, SILICEA sont les médicaments les plus indiqués selon les cas. Consulter. En attendant la consultation donner à l'enfant :
CHINA RUBRA 5 CH,
trois granules trois fois par jour.

Cœur

- En cas de palpitations, ACONITUM NAPELLUS 9 CH,
trois granules tous les quarts d'heure ou toutes les demi-heures, tout en demandant l'avis d'un médecin.
- En cas de souffle au cœur, la surveillance médicale est indispensable. Il faut seulement savoir que :
NAJA TRIPUDIANS 9 CH,
trois granules trois fois par jour, pendant quelques mois,
améliore l'état général des porteurs de souffle cardiaque (enfants ou adultes).

Le rhumatisme articulaire aigu (voir **Rhumatismes**) ne se rencontre presque plus ; ses complications cardiaques sont exceptionnelles.

En cas de souffle dû à une malformation cardiaque une opération est souvent nécessaire. Si elle est repoussée à une date ultérieure, donner à l'enfant en attendant :
ARNICA 12 CH,
une dose deux fois par semaine, jusqu'à la date de l'intervention.

Lorsque le moment de l'opération est arrivé, se reporter à la rubrique **Intervention chirurgicale**.

Il existe des souffles cardiaques sans gravité que le médecin entend à l'auscultation sans que l'enfant ne soit pour autant porteur d'une malformation ou de séquelles de rhumatisme articulaire aigu. Fréquent, ce type de souffle, dit anorganique, n'empêche pas l'enfant de mener une vie tout à fait normale.

Le sport chez l'enfant cardiaque

L'autorisation de pratiquer une activité sportive doit faire l'objet d'une concertation entre le cardiologue et les parents. S'il est grand, l'enfant donnera également son avis. Cela permettra de choisir le sport adapté au cas particulier. Beaucoup d'enfants peuvent faire du sport (sous contrôle médical), ce qui est très bénéfique puisque ainsi le cœur est entraîné à l'effort.

Coléreux

▶ Voir **Comportement.**

Colibacillose

▶ Voir **Urinaire** (infection).

Colique abdominale

▶ Voir **Ventre.**

Colique hépatique

Exceptionnelle chez l'enfant.

Colique néphrétique

Les calculs (voir ce mot) des voies urinaires peuvent exister chez l'enfant. S'ils provoquent des douleurs, ou colique néphrétique, mettre dans un grand verre d'eau cinq granules des médicaments suivants :

ARNICA 9 CH,
BELLADONA 9 CH,
BERBERIS VULGARIS 9 CH,
CALCAREA CARBONICA 9 CH,
LYCOPODIUM 9 CH,
OCIMUM CANUM 9 CH,
PAREIRA BRAVA 9 CH.
Agiter énergiquement et donner une cuillerée à café de quart d'heure en quart d'heure ou d'heure en heure, selon l'intensité de la douleur.

Colite

L'inflammation du gros intestin

La colite est une inflammation du gros intestin qui se voit chez le grand enfant ou l'adolescent anxieux. Douleurs et constipation (ou bien alternance de diarrhée et de constipation) en sont les principaux symptômes. Le diagnostic est confirmé par radiographie.

Le traitement de fond par un médecin homéopathe est indispensable. En attendant la consultation donner :

MAGNESIA PHOSPHORICA 9 CH,
NATRUM SULFURICUM 9 CH,
THUYA 9 CH,
trois granules de chaque trois fois par jour.

▶ Voir aussi **Nervosité.**

Colonie de vacances

Il pleure au moment de quitter ses parents

C'est peut-être la première fois qu'il (ou elle) quitte le milieu familial. Il s'accroche un peu aux bras de ses parents. Trois granules de :
    PULSATILLA 9 CH
l'aideront à mieux vivre les premières heures de la séparation.

Colonne vertébrale

Scoliose, cyphose, lordose

Des déformations de la colonne vertébrale peuvent se voir à tout âge, mais principalement au moment de la puberté. On distingue :

La scoliose

C'est la déformation de la colonne sur le plan latéral (déformation en s), avec rotation de certaines vertèbres sur leur axe. Lorsque l'enfant est penché en avant on remarque une élevure à droite ou à gauche de la région incurvée. La scoliose est plus fréquente chez les filles que chez les garçons.

La cyphose

C'est l'arrondissement (en particulier au niveau du dos) ou courbure à convexité postérieure, c'est-à-dire d'avant en arrière.

La lordose

C'est au contraire le creusement (en particulier de la région lombaire) ou courbure à concavité postérieure.

Quelquefois il s'agit simplement d'une mauvaise attitude, dite attitude scoliotique pas toujours facile à corriger par la simple remontrance (« tiens-toi droit » est une formule qui a déçu plus d'un parent) ni par la gymnastique corrective (car l'enfant ne s'applique que pendant la séance chez le kinésithérapeute et oublie ensuite ce qu'il a appris), mais de toute façon ce n'est pas grave.

S'il s'agit d'une authentique déformation, en particulier d'une scoliose, le chirurgien orthopédique spécialisé est seul à même de surveiller le cas et de décider de la meilleure thérapeutique : plâtre, corset plastifié, gymnastique, opération.

L'homéopathe interviendra en complément pour aider l'enfant ou l'adolescent à supporter un traitement long et difficile.

- En cas de plâtre ou de corset plastifié on peut donner :
  ARNICA 12 CH,
  une dose par semaine tout au long du traitement.

- En cas d'intervention chirurgicale voir la rubrique correspondante.

La maladie de Scheuermann ou épiphysite de croissance

Il s'agit d'une maladie bénigne de l'adolescence, sorte de trouble de croissance des vertèbres qui sont déformées et parfois douloureuses. Contrairement à la scoliose, elle se voit surtout chez les garçons (entre quatorze et dix-sept ans).

Donner systématiquement pendant quelques mois :
CALCAREA PHOSPHORICA 6 DH,
deux comprimés trois fois par jour.
Ajouter :
RHUS TOXICODENDRON 9 CH,
trois granules trois fois par jour, si les douleurs sont calmées par le mouvement ;
BRYONIA 9 CH,
trois granules trois fois par jour, si les douleurs sont aggravées par le mouvement

Non traitée, la maladie de Scheuermann peut aboutir à une cyphose. Une surveillance médicale est donc recommandée.

Complexe

▶ Voir **Comportement**.

Comportement

L'homéopathie ne modifie pas le caractère, elle permet seulement d'en atténuer les expressions trop marquées, celles qui aboutissent à un comportement pénible pour l'enfant et son entourage. L'homéopathie aidera les parents dans leur rôle d'éducateurs. Elle n'est pas, en elle-même, la réponse à toutes les situations.

Bien souvent une meilleure compréhension affectueuse de l'enfant sera nécessaire. Il faut que quelque chose bouge dans la famille, aussi bien du côté des parents que chez l'enfant. C'est ainsi que celui-ci deviendra plus social.

Sur le plan du traitement, rien ne vaut une consultation chez un médecin homéopathe qui déterminera la stratégie thérapeutique en fonction du terrain particulier. En attendant on peut toujours essayer l'un des conseils suivants. Cela sera suffisant dans les cas récents.

Agité

▶ Voir **Hyperactif,** page 64.

Agressif

L'enfant qui cherche l'affrontement — en paroles ou en gestes — sera calmé par trois granules trois fois par jour de l'un des médicaments ci-après.

- S'il mord,
  STRAMONIUM 9 CH.
- S'il jette tous les objets à la figure,
  STAPHYSAGRIA 9 CH.
- S'il frappe,
  MERCURIUS SOLUBILIS 9 CH.
- S'il jure,
  ANACARDIUM ORIENTALE 9 CH.
- S'il dit non à tout,
  HYOSCYAMUS NIGER 9 CH.

▶ Voir aussi dans cette rubrique : **Coléreux, Grossier, Opposition.**

Amour (Besoin d')

Certains enfants se croient mal aimés. Quelquefois ils n'expriment pas cette impression. Quelquefois ils réclament des marques particulières d'affection, des caresses. Ils demandent sans cesse :

« M'aimes-tu ? » Ils s'arrangent pour obtenir un câlin supplémentaire. Il faut, bien sûr, entrer dans leur jeu, même si ce n'est pas toujours « le moment ». S'ils sont insatiables, leur donner :
PULSATILLA 9 CH,
trois granules trois fois par jour, vingt jours par mois pendant quelques mois.

Avaler (Refuse d')

Certains enfants accumulent de la nourriture dans leur bouche sans l'avaler, ou bien seulement de temps en temps quand ils ne peuvent faire autrement. Il s'agit rarement d'une maladie organique en cours, mais le plus souvent d'un trouble du comportement.

Rester calme, ne pas sembler porter à cet état une attention particulière. Ne pas faire preuve d'anxiété. Donner à l'enfant :
BARYTA CARBONICA 9 CH,
NATRUM MURIATICUM 9 CH,
trois granules de chaque trois fois par jour, vingt jours par mois jusqu'à cessation.

Bagarreur

L'enfant trop bagarreur (un minimum d'agressivité vis-à-vis des frères et sœurs ou des camarades lui est nécessaire pour s'affirmer) sera calmé par :

MERCURIUS SOLUBILIS 9 CH,

trois granules trois fois par jour, vingt jours par mois pendant quelques mois.

Berce (Se)

Il se berce la nuit, tout en dormant. Ce symptôme n'est pas grave, mais bien agaçant pour les parents. Il faut savoir qu'il correspond à un sentiment de carence affective (peut-être imaginaire ?). Donner à l'enfant :

PULSATILLA 9 CH,

trois granules au coucher jusqu'à cessation.

Boudeur

C'est une façon pour l'enfant de montrer son mécontentement sans en donner la raison. Quelques mois de :

NATRUM MURIATICUM 9 CH,

trois granules trois fois par jour, vingt jours par mois,

l'aideront à mieux communiquer.

Capricieux

Donner trois granules trois fois par jour, vingt jours par mois, pendant quelques mois de :

● Si l'enfant exige un objet

qu'il rejette aussitôt qu'il l'a obtenu :

CHAMOMILLA 9 CH.

● Si l'enfant a tendance à frapper sa tête contre le sol (sans paraître se faire mal) à chaque caprice :

STRAMONIUM 9 CH.

▶ Voir aussi **Coléreux**, page suivante.

Casse tout

Il casse ses jouets et tout ce qu'on lui met dans la main :

STRAMONIUM 9 CH,

trois granules trois fois par jour, vingt jours par mois pendant quelques mois,

vous aideront à lui apprendre à se contrôler.

Cheveux

L'enfant s'arrache et/ou mange ses cheveux. Cette tendance porte le nom barbare de trichotillomanie. Donner le plus de soins affectifs possible et :

TARENTULA HISPANICA 9 CH,

trois granules trois fois par jour, vingt jours par mois, jusqu'à cessation.

Claustrophobie

Il n'aime pas être enfermé ou a peur dans les tunnels. Lui donner à chaque fois que la situation l'exige trois granules de :

ARGENTUM NITRICUM 9 CH.

Coléreux

La colère (mouvement d'humeur qui se situe à un degré au-dessus de l'irritabilité) est une réaction nécessaire à l'enfant : au cours de l'éducation qu'il reçoit il éprouve parfois le besoin de voir jusqu'où il peut aller. C'est un moyen comme un autre de tester la réaction des parents. Ceux-ci doivent rester calmes et négliger une petite colère. En revanche l'enfant irascible recevra :

   NUX VOMICA 9 CH,
   trois granules trois fois par jour,
   vingt jours par mois pendant
   quelques mois.

▶ Voir aussi **Capricieux**, page 62, **Irritable** plus loin dans cette rubrique.

Complexe

Ce terme d'origine freudienne recouvre des situations variables que seul un médecin peut dénouer. On consultera à la fois un homéopathe et un pédopsychiatre (médecin psychologue pour enfants).

Confiance en soi (Manque de)

L'enfant qui manque de confiance en lui-même est justiciable de :

● S'il recommence plusieurs fois ses devoirs,
   SEPIA 9 CH,
   trois granules trois fois par jour,
   vingt jours par mois pendant
   quelques mois.

● S'il juge mal le résultat de ce qu'il fait, dit qu'il n'y arrivera pas alors qu'il réussit très bien lorsqu'on le pousse un peu,
   SILICEA 9 CH,
   trois granules trois fois par jour,
   vingt jours par mois pendant
   quelques mois.

Cruel avec les animaux

▶ Voir **Animal familier.**

Désobéissant

▶ Voir plus loin dans cette rubrique **Opposition**, page 67.

Douillet

L'enfant qui ne supporte pas la moindre douleur sera calmé par :
   CHAMOMILLA 9 CH,
   trois granules à chaque fois
   qu'il se plaint.

Feu (Tendance à mettre le)

L'enfant qui est fasciné par le feu recevra seulement des conseils éclairés de prudence.

L'enfant pyromane commet un acte sérieux et doit recevoir un traitement :
   HEPAR SULFURIS
   CALCAREUM 9 CH,

trois granules trois fois par jour, vingt jours par mois pendant quelques mois.

Fugueur

La fugue est un des moyens que peut utiliser un enfant ou un adolescent en conflit avec son entourage. Associée à d'autres troubles du comportement, elle est sujette à récidives. Elle mérite plus qu'un traitement homéopathique. Celui-ci cependant sera une aide précieuse :

LYCOPODIUM 9 CH,
trois granules trois fois par jour, vingt jours par mois pendant quelques mois.

Grognon

L'enfant jamais content sera calmé par :

ANTIMONIUM CRUDUM 9 CH,
trois granules trois fois par jour, vingt jours par mois pendant quelques mois.

Grossier

Outre l'éducation, qui ne peut être trop rigide dans le contexte actuel (il ne peut avoir un vocabulaire différent de celui qu'il entend à l'école, à la télévision, dans les conversations courantes), l'enfant par trop grossier recevra :

ANACARDIUM ORIENTALE 9 CH,

trois granules trois fois par jour, vingt jours par mois pendant quelques mois.

Hyperactif, agité, instable, touche à tout

L'enfant ne tient pas en place, touche à tout, n'est pas capable d'avoir une activité suivie. Choisir parmi les médicaments suivants (trois granules trois fois par jour, vingt jours par mois pendant quelques mois) :

- Si l'enfant est calmé par la musique,
  TARENTULA HISPANICA 9 CH.
- S'il s'agit d'un enfant à l'intelligence vive, qui n'a peur de rien, veut tout faire par lui-même,
  LYCOPODIUM 9 CH.
- S'il s'agit d'un enfant querelleur, imaginatif,
  SULFUR 9 CH.
  (Demander l'avis d'un homéopathe en cas d'enfant sujet à l'eczéma.)
- S'il s'agit d'un enfant irritable, exigeant, qui rejette les objets dès qu'il les a obtenus.
  CHAMOMILLA 9 CH.
- S'il est précipité dans tout ce qu'il fait,
  ARGENTUM NITRICUM 9 CH.

Imaginatif, bâtit des « châteaux en Espagne »

L'enfant qui prend ses désirs pour des réalités, affable, raconte des histoires en les présentant comme si elles lui étaient arrivées, est souvent justiciable de :

SULFUR 9 CH,
trois granules trois fois par jour, vingt jours par mois pendant quelques mois. (Demander l'avis d'un homéopathe en cas d'enfant sujet à l'eczéma.)

Impulsif

Il réagit brutalement à toutes les situations, sans réfléchir, même s'il en a l'âge. Donnez-lui :

NUX VOMICA 9 CH,
trois granules trois fois par jour, vingt jours par mois pendant quelques mois.

Infantile, puéril

Il joue à des jeux de bébé, plus infantiles que ne le voudrait son âge réel. Donnez-lui :

BARYTA CARBONICA 9 CH,
trois granules trois fois par jour, vingt jours par mois pendant quelques mois.

Instabilité psycho-motrice

▶ Voir page 64, **Hyperactif**.

Irritable

Donner trois granules trois fois par jour au moment des accès :
- Irritabilité et caprice, CHAMOMILLA 9 CH.
- Irritabilité au bord de la mer, NATRUM MURIATICUM 9 CH.
- Irritabilité au moment d'une crise de vers, CINA 9 CH.

▶ Voir aussi plus haut dans cette rubrique : **Capricieux, Coléreux.**

Jaloux

La jalousie provient du désir de l'enfant de surpasser ses frères et sœurs en matière d'affection parentale. Un peu de jalousie n'a rien d'anormal. Ce n'est qu'en cas de jalousie exagérée que l'on donnera :

HYOSCYAMUS NIGER 9 CH,
trois granules trois fois par jour, vingt jours par mois pendant quelques mois.

Au moment d'une naissance laisser l'enfant plus grand se comporter «comme un bébé» s'il en manifeste le désir, par exemple en lui accordant le biberon réclamé. Ensuite, on peut progressivement lui montrer les avantages de se comporter « comme un grand ».

Kleptomane

▶ Voir plus loin dans cette rubrique : **Voleur**.

Lavé (Déteste être)

▶ Voir **Hygiène** (bain).

Lent

La lenteur peut être constitutionnelle : dans ce cas elle ne répondra pas à la thérapeutique. Dans d'autres cas un traitement homéopathique est possible, mais les médicaments entre lesquels il faut choisir sont nombreux. Consulter un homéopathe.

Maladroit

Il faut consulter si un enfant habituellement adroit devient soudain malhabile, laisse tomber les objets. Contre la maladresse habituelle donner :

NATRUM MURIATICUM 9 CH,
trois granules trois fois par jour, vingt jours par mois pendant trois mois.

Masturbation

▶ Voir **Sexuels** (problèmes).

Menteur

Avant l'âge de sept ans il ne s'agit pas de mensonge mais d'exploration systématique de l'imaginaire. L'enfant fabule parce qu'il ne connaît pas ses limites, mais il n'a pas l'intention de tromper.

Au-delà de sept ans on peut parler de mensonge. Cependant ne pas traiter l'enfant directement de menteur. Essayer de comprendre pourquoi il choisit ce mode d'expression, quelle tension interne le pousse à agir de la sorte. En outre l'aider avec :

OPIUM 9 CH,
trois granules trois fois par jour, vingt jours par mois pendant quelques mois.

Moqueur

L'enfant qui « fait le pitre », amuse la classe ou la famille sera calmé par :

HYOSCYAMUS NIGER 9 CH,
trois granules trois fois par jour, vingt jours par mois pendant quelques mois.

Mord

▶ Voir plus haut dans cette rubrique : **Agressif**.

Mutisme

L'enfant replié sur lui-même, qui ne participe pas spontanément aux conversations ou activités du milieu familial, pourra bénéficier de :

NATRUM MURIATICUM 9 CH,
trois granules trois fois par jour,

vingt jours par mois pendant quelques mois.

▶ Voir aussi plus haut dans cette rubrique : **Boudeur**.

Nouveauté (N'aime pas la)

L'enfant qui n'aime pas entreprendre une activité nouvelle pourra bénéficier de :
SEPIA 9 CH,
trois granules trois fois par jour, vingt jours par mois pendant quelques mois.

Ongles (Se ronge les)

Cela ne peut se soigner par la répression, mais en aidant l'enfant à chasser l'anxiété.

▶ Voir **Nervosité**.

Opposition

L'enfant qui dit systématiquement « non », conteste plus ou moins ouvertement, refuse d'obéir, a besoin d'affection, de confiance en lui, de sécurité. Sur le plan homéopathique on peut l'aider avec :
HYOSCYAMUS NIGER 9 CH,
trois granules trois fois par jour, vingt jours par mois pendant quelques mois.
Si cela ne suffit pas, consulter un homéopathe.

L'opposition peut se traduire par trois perturbations essentielles : anorexie, encoprésie (voir ces mots), retard scolaire (voir **École**).

Orgueilleux

● S'il veut toujours être le premier, particulièrement en classe, lui donner :
LYCOPODIUM 9 CH,
trois granules trois fois par jour, vingt jours par mois pendant quelques mois ;
cela le rendra plus simple avec l'entourage sans diminuer ses résultats.

● S'il se croit mieux que les autres à tous points de vue :
PLATINA 9 CH,
trois granules trois fois par jour, vingt jours par mois pendant quelques mois.

Paresseux

La paresse n'existe pas. Il s'agit certainement d'un enfant fatigué, anxieux (en cas de paresse inhabituelle) ou dont l'éducation est encore à parfaire. La consultation d'un homéopathe permettra de l'aider.

Peureux

▶ Voir **Peur**.

Pleurnichard

L'enfant qui pleure pour des bagatelles est assez souvent justiciable de :
PULSATILLA 9 CH,
trois granules trois fois par jour, vingt jours par mois pendant quelques mois.

Pouce (Suce son)

Il a souvent commencé à sucer son pouce au moment de la première éruption dentaire. C'était un moyen de soulager sa gencive enflammée. La persistance du phénomène correspond à un besoin de se rassurer. Ne pas être répressif. Ne pas lui faire remarquer qu'il suce son pouce. Essayer de détourner le geste sans attirer son attention.

Au-delà de cinq ans, il faut soigner l'anxiété éventuelle.

▶ Voir **Nervosité.**

Précipité

S'il veut toujours avoir terminé ce qu'il entreprend presque avant de l'avoir commencé, le calmer avec :
ARGENTUM NITRICUM
9 CH,
trois granules trois fois par jour, vingt jours par mois pendant quelques mois.

Pyromanie

▶ Voir plus haut dans cette rubrique : **Feu.**

Rougit facilement

Un enfant émotif, qui rougit facilement, doit être aidé avec l'un des médicaments suivants (trois granules trois fois par jour, vingt jours par mois pendant quelques mois) :

● S'il rougit du visage,
PULSATILLA 9 CH.

● S'il rougit du cou et de la poitrine lors du déshabillage,
NATRUM MURIATICUM
9 CH.

Bien sûr, il ne faut pas lui faire remarquer cette particularité émotive.

Susceptible, se vexe facilement

Lui donner :
STAPHYSAGRIA 9 CH,
trois granules trois fois par jour, vingt jours par mois pendant quelques mois.

Tape sa tête contre les murs ou le plancher

Au cours d'un caprice il se tape la tête sans avoir l'air de se faire mal. Le calmer avec :
STRAMONIUM 9 CH,
trois granules chaque fois qu'il est énervé.

Timide

L'enfant timide peut être aidé par un médecin homéopathe. Les principaux médicaments parmi lesquels celui-ci aura à choisir sont :
BARYTA CARBONICA,
NATRUM MURIATICUM,
PULSATILLA, SEPIA, SILICEA.

Touche-à-tout

▶ Voir plus haut dans cette rubrique : **Hyperactif**.

Urine sur lui

L'enfant qui perd quelques gouttes d'urine dans son slip est justiciable de :
CAUSTICUM 9 CH,
trois granules trois fois par jour, jusqu'à cessation.

▶ Pour l'enfant qui mouille son lit la nuit, voir **Énurésie**.

Violent

▶ Voir plus haut dans cette rubrique : **Agressif**.

Voleur, chapardeur, kleptomane

Le jeune enfant n'a aucun sens de la propriété ; il s'empare de tout objet qui est à sa portée sans avoir la notion, purement sociale, de vol.

On ne peut parler de vol qu'après l'âge de six ans. Les vols au sein de la famille (il « chipe de l'argent ») doivent être pris en charge à huis clos. Ils traduisent le plus souvent une carence affective (imaginaire ou non). Les vols en milieu scolaire posent des problèmes qui concernent plus de personnes. Il faut être ferme à cause du risque de contagion, mais rester discret chaque fois que c'est possible.

Un traitement homéopathique peut aider. En attendant la consultation, donner :
SULFUR 9 CH,
trois granules trois fois par jour.
(Demander l'avis d'un homéopathe si l'enfant est sujet à l'eczéma.)

▶ Voir également les rubriques : **Appétit, École, Nervosité, Peur, Sexuels** (Problèmes), **Sommeil, Spasme du sanglot, Tics**.

Confiance en soi (Manque de)

▶ Voir **Comportement**.

Congestion pulmonaire

▶ Voir **Broncho-pneumopathies**.

Conjonctivite

▶ Voir **Yeux**.

Constipation

Éduquer sans dresser

L'enfant nourri au sein a plusieurs selles par jour, de couleur jaune clair. L'enfant élevé au biberon en a un peu moins sans qu'il soit possible de donner de chiffres précis, puisque cela varie d'un nourrisson à l'autre.

Exceptionnelle chez le nourrisson (la mise en place du thermomètre suffit à déclencher le réflexe), la constipation doit alors motiver une consultation (après 24 heures sans selle). En effet, il ne faut pas négliger l'éventualité d'une cause organique (fissure anale, hernie, mégacôlon, intolérance au lait, etc.).

La mise sur le pot (vers un an) ne doit pas correspondre à un dressage mais à une éducation, tranquille, et sans inculquer la peur de ne pas évacuer.

Une selle tous les deux jours est acceptable si l'enfant se porte bien.

Traitement homéopathique

Les laxatifs doivent être proscrits à l'exception de l'huile de paraffine.

Si la constipation est chronique, consulter un homéopathe. Si la constipation est passagère, donner à l'enfant trois granules trois fois par jour pendant quelques jours de l'un des médicaments qui suivent.

- Nécessité de gros efforts, même pour une selle molle, ALUMINA 9 CH.

- Constipation au moment de l'adjonction des farines au régime du nourrisson, BRYONIA ALBA 9 CH.

- Constipation par fissure anale, GRAPHITES 9 CH.

- Grosses selles avec traînées de mucus, GRAPHITES 9 CH.

- Constipation avec faux besoins inefficaces, NUX VOMICA 9 CH.

- Constipation avec douleurs dans le ventre, NUX VOMICA 9 CH.

- Aspect de billes rondes comme des «crottes de mouton», MAGNESIA MURIATICA 9 CH.

- Constipation par peur d'aller aux toilettes, ARGENTUM NITRICUM 9 CH.

Le suppositoire ?

Le suppositoire à la glycérine, parfaitement anodin, est autorisé à condition qu'il ne devienne pas une nécessité réflexe.

Le lavement évacuateur

Le lavement peut être utilisé, à titre exceptionnel, si les petits moyens mentionnés ci-dessus ont échoué. Mettre 10 ou 20 ml d'huile de paraffine dans 1/2 litre d'eau tiède bouillie.

Conseils diététiques pour un enfant constipé

Il faut lui donner des jus de fruits, des légumes frais. Chez le grand enfant on peut ajouter des pruneaux, de la rhubarbe.

▶ Voir aussi **Anus** (prolapsus).

Contestation

▶ Voir **Comportement** (opposition).

Contraception

Pour les problèmes de contraception lors de l'adolescence, voir **Puberté**.

Contusions

▶ Voir **Blessures.**

Convalescence

Après une maladie infectieuse donner à l'enfant, pendant 15 jours,
    SULFUR IODATUM 9 CH,
    PULSATILLA 9 CH,
    AVIAIRE 9 CH,
    trois granules de chaque trois fois par jour.

Convulsions

Un enfant normal peut avoir des convulsions fébriles

Des convulsions peuvent se produire chez un enfant normal et jusque-là bien portant lorsque la température corporelle dépasse 40 °C. Les membres sont pris de secousses, les yeux tournent, l'enfant est sans conscience, mais au bout de quelques minutes tout rentre dans l'ordre.

Ce tableau est très impressionnant ; il n'y aura pas de suite grave si l'on agit efficacement, et dans l'ordre suivant :
– appeler le médecin ;
– en attendant garder son sang-froid ;
– mettre l'enfant dans un bain à 1 °C au-dessous de sa fièvre, et l'y laisser jusqu'à l'arrivée du médecin, en maintenant l'eau du bain à bonne température ;
– mettre sous la langue de l'enfant, quel que soit son âge, toutes les deux minutes, trois granules de :
    BELLADONA 5 CH.

Les convulsions sont dues à une réaction du système nerveux à la fièvre. Elles se produisent chez 3 ou 4 p. 100 des enfants entre un et cinq ans. Dans la plupart des cas il n'y a pas de lésion, et l'on ne devra redouter aucune séquelle.

Les autres causes

Les causes purement nerveuses existent, en particulier le spasme du sanglot (voir ce mot).

Les causes plus graves de convulsions sont : l'encéphalite, l'épilepsie, la méningite, les intoxications accidentelles, la vaccination anticoquelucheuse (voir ces mots).

Coqueluche

Il médite sa quinte

Maladie infectieuse due au bacille de Bordet-Gengou, la coqueluche se caractérise, après une incubation de une à deux semaines, par des accès de toux. L'enfant commence par se tenir immobile, car il sent venir l'accès (il « médite » sa quinte), puis il a de cinq à vingt secousses expiratoires, enfin il vomit des aliments ou des glaires ressemblant à du blanc d'œuf. Habituellement il n'a pas de fièvre. Son visage est congestionné, son thorax se bloque. Quand il commence à étouffer, une reprise inspiratoire bruyante a lieu : c'est le « chant du coq ». L'état général reste bon, quoique l'enfant puisse être fatigué par sa toux.

La coqueluche du nourrisson

La coqueluche peut être grave chez l'enfant de moins de un an. Il n'y a pas d'immunité transmise par la mère : un nouveau-né peut contracter la coqueluche. On évitera donc à tout prix qu'il soit en contact avec des enfants porteurs de la maladie.

Cependant il faut savoir que la coqueluche peut être soignée très efficacement par l'homéopathie. Comme le vaccin anticoquelucheux est très fatigant, il n'est pas indispensable de le faire. En cas de coqueluche chez un nourrisson, il faut consulter un médecin homéopathe, car si on laisse évoluer l'affection l'état général sera atteint.

La coqueluche du grand enfant

On consultera, cela est préférable, mais on peut essayer, si les circonstances l'imposent, d'utiliser les médicaments qui suivent. Choisir un ou plusieurs des médicaments indiqués et donner trois granules de chaque trois fois par jour, jusqu'à guérison.

- Quintes entrecoupées de périodes de somnolence, ANTIMONIUM TARTARICUM 9 CH.
- Le larynx est douloureux, BELLADONA 9 CH.
- Mucus épais et incolore pendant la quinte, COCCUS CACTI 9 CH.
- L'enfant étouffe avant la quinte, son visage devient pourpre pendant celle-ci, CORALLIUM RUBRUM 9 CH.
- Si les quintes sont calmées par une boisson froide, CUPRUM METALLICUM 9 CH.
- En cas de « chant du coq », DROSERA ROTUNDIFOLIA 9 CH.
- En cas de saignement de nez pendant la quinte, DROSERA ROTUNDIFOLIA 9 CH.
- Nausées ou vomissements en fin de quinte, IPECA 9 CH.
- Éructations pendant la quinte, SANGUINARIA CANADENSIS 9 CH.
- Larmoiement ou éternuements pendant la quinte, SQUILLA 9 CH.
- Toux rauque comme un aboiement, SPONGIA TOSTA 9 CH.

Prévention de la coqueluche

Lorsqu'on a la notion de contact avec un enfant coquelucheux (la transmission se fait directement par les gouttelettes émises lors de la toux, surtout au début de la maladie) administrer :
PERTUSSINUM 9 CH,
trois granules trois fois par jour pendant trois semaines.

Toux coqueluchoïde

Toux ressemblant à celle de la coqueluche réapparaissant à chaque rhume pendant les années qui suivent la véritable coqueluche,
IPECA 9 CH,
trois granules trois fois par jour, jusqu'à guérison.

Évolution

Correctement soignée par l'homéopathie, la coqueluche guérit rapidement (en une à trois semaines au lieu de quatre à dix). Il n'y a pas de complications. On ne doit pas redouter le passage à la bronchite ou à l'asthme (qui peuvent se voir après un traitement classique).

Après avoir contracté la coqueluche l'enfant est immunisé ; cependant il peut y avoir épuisement tardif des anticorps et récidive chez le sujet âgé.

Les parents qui n'ont pas eu la coqueluche peuvent la contracter.

▶ Ils peuvent consulter pour eux-mêmes le paragraphe ci-dessus : **Prévention de la coqueluche**.

Corps étrangers

Dans l'œil,
▶ Voir **Yeux**.

Dans les voies aériennes,
▶ Voir **Asphyxie**.

Coryza

▶ Voir **Rhume**.

Coryza spasmodique

▶ Voir **Rhume des foins**.

Coude

La pronation douloureuse du coude

Il arrive parfois un petit incident qui impressionne les parents, alors qu'il est parfaitement bénin. Un enfant de un à cinq ans donnant la main à un adulte bute soudain sur un objet à terre, ou manque de tomber dans le caniveau depuis le bord du trottoir. On le retient en tirant verticalement sur son bras. Cela dé-

place très légèrement la tête du radius (un des deux os de l'avant-bras). A partir de cet instant l'enfant a mal au coude et ne peut plus le plier.

Un geste très simple, que les médecins connaissent bien, guérira instantanément cette impotence en remettant en place la tête du radius.

Avant la manipulation on peut donner à l'enfant trois granules de :
ARNICA 9 CH.

Coup de chaleur

▶ Voir **Chaleur**.

Coup de soleil

▶ Voir **Soleil**.

Coups

▶ Voir **Blessures**.

Coupure

▶ Voir **Blessures**.

Crèches

Les crèches et l'homéopathie

Les crèches constituent un

service collectif indispensable pour les parents qui travaillent et ont un enfant de moins de trois ans, mais aussi un lieu de contagion malgré les précautions qui y sont prises. En particulier la rhino-pharyngite s'y transmet facilement.

Il est donc recommandé de consulter un médecin homéopathe pour un traitement de terrain avant toute mise à la crèche, même si l'enfant se porte bien.

▶ Voir aussi **Vaccinations.**

Croissance

Retard de croissance

▶ Voir **Retard.**

Pour fortifier un enfant qui fait une poussée soudaine de croissance

CALCAREA
PHOSPHORICA 9 CH,
trois granules trois fois par jour,
pendant deux ou trois mois.

Douleurs de croissance

Expression fréquemment employée, correspondant à quelques douleurs anodines chez un enfant en période de croissance, plutôt que directement liées à la croissance. Il s'agit d'un diagnostic que le médecin peut porter après élimination des autres causes de douleurs articulaires. Donner :

CALCAREA
PHOSPHORICA 9 CH,
trois granules trois fois par jour,
pendant deux ou trois mois.

▶ Voir aussi **Colonne vertébrale** (maladie de Scheuermann).

Croup

▶ Voir **Diphtérie, Laryngite.**

Croûtes de lait

▶ Voir **Chevelu** (cuir).

Cryptorchidie

▶ Voir **Testicules.**

Cures thermales

Pour certaines maladies comme l'asthme, les cures thermales sont un bon complément du traitement homéopathique. Elles parachèvent la guérison.

Cuti

▶ Voir **Tuberculino-réaction.**

Cyanose

Un manque d'oxygène

Lorsque la peau d'un enfant (spécialement au niveau des lèvres et des doigts) prend des reflets bleutés, c'est un signe de raréfaction de l'oxygène sanguin. Un diagnostic médical s'impose d'urgence (avec en particulier un bilan cardio-pulmonaire). Pendant le transport de l'enfant on peut lui faire sucer sans crainte, quel que soit son âge, trois granules de :

CARBO VEGETABILIS
5 CH.

Cyphose

▶ Voir **Colonne vertébrale.**

Cystite

▶ Voir **Urinaire** (infection).

d

Danse de Saint-Guy

▶ Voir **Chorée.**

Dartres

Des croûtes
sur les joues

Il s'agit d'éruptions croûteuses bénignes, de forme variable, avec une légère desquamation, siégeant avant tout sur les joues de l'enfant. Il y a peu de démangeaisons, ce qui permet de distinguer les dartres de l'eczéma.

La cause en est un microbe, le streptocoque, parfois des champignons microscopiques, parfois les deux simultanément.

Traitement homéopathique

GRAPHITES 9 CH,
MEZEREUM 9 CH,
trois granules de chaque trois fois par jour, jusqu'à disparition.

Localement

Pommade au CALEN-

DULA, une ou deux fois par jour.

Débilité mentale

▶ Voir **Retard** (retard mental).

Délinquance juvénile

Infraction à la loi

On peut présenter le jeune délinquant (toute personne en dessous de dix-huit ans ayant commis une infraction à la loi) au médecin homéopathe. Le traitement de terrain constituera une aide parmi d'autres (familiale, sociale) pour tenter de le sauver.

Seront à considérer pour établir un pronostic :
– le caractère exceptionnel ou itératif des délits ;
– leur ancienneté ;
– la reconnaissance ou non par le jeune délinquant du caractère délictueux de ses actes ;

– les éventuels troubles né-
vrotiques associés ;
– la personnalité : intro ou
extraverti, suiveur ou chef
de bande, agressif ou ré-
volté ;
– l'ambiance familiale, avant
et après le délit.

▶ Voir aussi **Comportement,
Drogue.**

Délire

Le délire fébrile

Le seul délire véritablement
accessible à la thérapeutique
homéopathique est celui qui
accompagne une forte fièvre
(au-dessus de 40 °C). Il est
plus spectaculaire que dangereux. Donnez à l'enfant :
BELLADONA 9 CH,
trois granules tous les quarts
d'heure ou toutes les heures,
jusqu'à cessation.
Le baigner pendant dix minutes ou un quart d'heure dans
une eau à 1 °C en dessous du
chiffre de sa fièvre (voir ce
mot).
Les autres formes de délire
sont très rares chez l'enfant.

▶ Voir **Psychose.**

Démangeaison

▶ Voir **Prurit.**

Déminéralisation

Un manque de sels minéraux

Il s'agit d'un manque ou
d'une mauvaise utilisation des
sels minéraux contenus dans
l'alimentation. On remarque
en particulier des taches
blanches sur les ongles. On
peut soigner par l'homéopathie, mais les taches ne disparaissent que lorsqu'elles at-
teignent le bord libre des
ongles. Cela demande quelques
mois. Donner :
CALCAREA
PHOSPHORICA 6 DH,
NATRUM MURIATICUM
6 DH,
deux comprimés de chaque aux
deux principaux repas, vingt
jours par mois, pendant quatre
mois.

▶ Voir aussi **Dents, Rachitisme.**

Dents

Si jeune et déjà des ennuis dentaires !

Les dents sortent entre six
et trente mois. Généralement
les premières dents sont les
deux dents du milieu en bas

(incisives). La gencive commence à bomber et l'on sent, sous un doigt bien propre et délicat, un durcissement.

Parfois l'éruption dentaire s'accompagne d'une légère fièvre, avec tendance à grogner et sommeil agité, ou bien il y a un peu de diarrhée, une légère perte d'appétit, une respiration un peu lourde (appelée injustement « bronchite dentaire »). La joue est rouge du côté de l'éruption.

Dans ce cas donner, selon le trouble accompagnateur, trois granules trois fois par jour, d'un ou plusieurs des médicaments suivants.

- Fièvre,
  ACONITUM NAPELLUS
  9 CH.
- Douleur dentaire,
  CHAMOMILLA 9 CH.
- Joue rouge,
  CHAMOMILLA 9 CH.
- Diarrhée,
  PODOPHYLLUM 9 CH.
- Toux ou respiration difficile,
  CHAMOMILLA 9 CH.

Quand les dents tardent à sortir

Qu'il s'agisse de la sortie des premières dents ou du remplacement des dents de lait par les dents définitives (la première est une molaire, vers l'âge de six ans) on peut avoir à donner, pour favoriser le processus :
CALCAREA CARBONICA
9 CH,
SILICEA 9 CH,
trois granules de chaque trois fois par jour, pendant un mois ou deux.

Les malpositions dentaires

Si les dents définitives ne poussent pas droit, il est bon de montrer assez précocement l'enfant à un dentiste spécialisé. Il demandera peut-être à ne revoir l'enfant que quelques années plus tard mais il vaut mieux consulter à temps.

- En attendant l'époque du traitement orthodontique (méthode de redressement), donner à l'enfant :
  CALCAREA FLUORICA
  12 CH,
  une dose par semaine jusqu'à la pose de l'appareil.
- Lorsque l'appareil de redressement est en place :
  ARNICA 12 CH,
  une dose par semaine pendant toute la durée du traitement.

Les caries dentaires

Petits points noirâtres attaquant l'émail dentaire et menaçant de devenir des cavités, les caries dentaires sont très fréquentes : quatre enfants de moins de trois ans sur dix en sont atteints, ce qui est plus gênant que grave ; mais également neuf adolescents sur dix à l'âge de quinze ans, et il s'agit là de dents définitives (que les caries multiples risquent de rendre... provisoires).

Les caries dentaires ont une origine infectieuse, elle-même due à une mauvaise hygiène bucco-dentaire.

La prévention des caries

Elle doit être un souci majeur ; elle se fera par :

– le brossage régulier des dents dès le plus jeune âge, deux fois par jour (après les repas) en passant la brosse à dents dans tous les recoins et interstices, avec une brosse douce ;

– la consommation limitée des bonbons et sucreries de toutes sortes qui favorisent le développement des microbes ;

– l'élimination de la plaque dentaire (film fait de débris alimentaires sucrés qui tend à recouvrir l'émail) par utilisation d'un hydro-pulseur ;

– la surveillance régulière de l'hygiène dentaire par le dentiste (tous les six mois à partir de l'âge de quatre ans) ;

– l'utilisation d'une pâte dentifrice fluorée qui empêche le développement des microbes et renforce la qualité de l'émail dentaire.

En cas de carie déjà installée, la meilleure solution est de consulter un dentiste homéopathe. En attendant on peut commencer à donner :

● Si les dents cariées sont noires,
KREOSOTUM 9 CH,
trois granules trois fois par jour, vingt jours par mois, pendant quelques mois.

● Si les dents cariées sont grises,
MERCURIUS SOLUBILIS 9 CH,
trois granules trois fois par jour, vingt jours par mois, pendant quelques mois.

L'abcès dentaire

Donner à l'enfant trois granules trois fois par jour, jusqu'à guérison, de :
MERCURIUS SOLUBILIS 9 CH.

Les douleurs dentaires

Sans présumer de la cause (qui devra être soignée par un dentiste) donner à l'enfant : trois granules trois fois par jour ou toutes les heures, selon l'intensité, de l'un des médicaments suivants.

- Pour les douleurs améliorées par l'eau chaude, ARSENICUM ALBUM 9 CH.
- Pour les douleurs très violentes, insupportables, CHAMOMILLA 9 CH.
- Pour les douleurs aggravées en parlant, CHAMOMILLA 9 CH.
- Pour les douleurs améliorées par l'eau froide, COFFEA 9 CH.
- Pour les douleurs poussant l'enfant à se frotter la joue, MERCURIUS SOLUBILIS 9 CH.

Localement

Appliquer sur la gencive, au niveau de la dent douloureuse, quelques gouttes de PLANTAGO T.M. (diluées dans un peu d'eau jusqu'à l'âge de cinq ans, pures au-delà de cet âge).

La fluxion dentaire

Si la joue est gonflée donner, en attendant les soins du dentiste :
MERCURIUS SOLUBILIS 9 CH,
trois granules trois fois par jour.

Pour préparer à une extraction dentaire

Donner :

ARNICA 9 CH,
GELSEMIUM 9 CH,
trois granules de chaque trois fois par jour, en commençant la veille.

Si l'enfant grince des dents la nuit

Lui glisser dans la bouche, tous les soirs au coucher, jusqu'à cessation, trois granules de :
BELLADONA 9 CH.

Dépression nerveuse
Une tristesse inhabituelle

Rare chez l'enfant sous la forme qu'elle revêt chez l'adulte, elle est difficile à diagnostiquer. La dépression nerveuse est masquée par un laisser-aller, une fatigue anormale, des larmes sans motif, une tristesse inhabituelle, une irritabilité, un changement d'habitudes alimentaires, des difficultés scolaires, des troubles du sommeil, un comportement (voir ce mot) inattendu, des peurs diverses. C'est le changement dans la façon de vivre qui doit alerter.

Il faut, bien sûr, rechercher la cause dans le milieu familial (deuil en particulier) ou scolaire, avant de penser à un trouble de la personnalité.

Le traitement homéopathique

Il aidera à venir rapidement à bout de cet état. Il remontera l'humeur de l'enfant en l'aidant à résoudre son problème, sans le masquer comme le ferait la médecine chimique.

En attendant la consultation, on peut donner à l'enfant trois granules trois fois par jour, de l'un des médicaments suivants :

- Après un deuil,
  IGNATIA 9 CH.

- Aggravation par la consolation,
  NATRUM MURIATICUM
  9 CH.

- Tristesse avec désespoir de guérir,
  ARSENICUM ALBUM 9 CH.

- Idées de suicide,
  AURUM METALLICUM
  9 CH.

- Indifférence à tout, incapacité de réfléchir,
  PHOSPHORICUM ACIDUM
  9 CH.

- Pousse des soupirs incessants,
  IGNATIA 9 CH.

- Amaigrissement, sans autre cause que la dépression,
  NATRUM MURIATICUM
  9 CH.

- Tendance à toujours « ruminer » la même idée,
  NATRUM MURIATICUM
  9 CH.

▶ Voir aussi **Anorexie mentale.**

Dermite des prés

Des bulles au soleil

Lorsque l'enfant s'est amusé dans les prés ou les champs, il a pu se rouler sur une herbe qui a provoqué une réaction de sa peau (généralement avec sensibilisation par les rayons du soleil). Il rentre à la maison présentant sur les endroits qui ont été en contact avec la plante de grosses cloques, ou bulles. Lui donner :
CANTHARIS 9 CH,
trois granules trois fois par jour jusqu'à disparition.

Localement

Appliquer la crème au CALENDULA.

Il peut rester une tache sombre à la place des bulles ; elle s'atténuera au fil des mois.

Bien sûr, la récidive est possible. Il faudra essayer de repérer l'herbe en cause et recommander à l'enfant de l'éviter.

Dermite du nourrisson

Spécialement au niveau des plis

Il s'agit d'une infection de la peau apparaissant dans les dix premiers jours de la vie. Cela commence par un érythème fessier (voir ce mot), sous forme de taches rouges plus ou moins arrondies, parfois suintantes, qui vont bientôt gagner le reste du corps spécialement au niveau des plis de flexion.

L'agent responsable est en général un microbe, le staphylocoque, parfois un champignon microscopique. Cette affection n'a rien à voir avec l'eczéma, mais elle est assez proche de la maladie de Leiner-Moussous (voir ce mot).

On donnera trois granules trois fois par jour (à écraser éventuellement) de :
HEPAR SULFURIS
CALCAREUM 9 CH,
jusqu'à disparition.

Localement

Utiliser la crème au CALENDULA deux fois par jour.

▶ Voir aussi **Folliculite, Intertrigo, Sudamina.**

Déshydratation aiguë du nourrisson

▶ Voir **Toxicose.**

Désobéissant

▶ Voir **Comportement** (opposition).

Diabète

Chez l'enfant : un diabète instable

Le diabète de l'enfant est rare : un cas sur trois à cinq mille enfants selon les statistiques, un cas pour mille cinq cents enfants nés de mère diabétique. Le diabète est dû à un défaut du pancréas qui ne sécrète presque plus d'insuline, hormone qui maintient un taux normal de sucre dans le sang. Ce diabète a pour caractéristique d'être instable avec de grandes variations du taux de sucre dans le sang et les urines d'un jour à l'autre.

Le diabète de l'enfant ne peut se soigner que par l'insuline, avec surveillance quotidienne des urines (par l'enfant ou ses parents selon l'âge). S'il est mal équilibré, les signes d'alerte sont : soif, urines abondantes, amaigrissement, sucre et acétone dans les urines.

L'homéopathie n'interviendra que sur l'état général, pour éviter les complications. Consulter.

Le régime de l'enfant diabétique

L'enfant diabétique mange à la table familiale et doit donc apprendre à choisir ses aliments. Sa ration calorique doit être suffisante et identique à celle des autres enfants. En revanche, la répartition des aliments sera équilibrée différemment.

Les graisses sont rationnées et non les sucres. Les protéines (sous forme de viande, poisson, céréales) doivent être données en quantité normale. Le médecin spécialiste remet des feuilles de régime.

L'enfant diabétique et le sport

L'enfant diabétique doit avoir une vie aussi normale que possible. Il peut faire du sport puisque les contrôles quotidiens du sucre dans les urines permettent d'adapter la quantité d'insuline à ses besoins.

Le sport est même vivement recommandé car il favorise l'utilisation du sucre par les muscles et permet fréquemment de baisser la quantité d'insuline. Il contribue, en outre, à maintenir un bon équilibre psychologique.

Le diabète insipide

Le diabète insipide n'a rien à voir avec le diabète « sucré » habituel. Il s'agit de l'émission régulière d'une quantité anormalement abondante d'urines diluées. Cette anomalie, très rare, est due à une insuffisance de sécrétion d'une des hormones de la glande hypophyse, l'hormone antidiurétique.

Le traitement n'est pas homéopathique. Il faut remplacer l'hormone manquante par des extraits de posthypophyse ou par des médicaments antidiurétiques.

Diabolo dans les oreilles

▶ Voir **Otite**.

Diarrhée

Un risque majeur : la déshydratation

La diarrhée fébrile du nourrisson doit être soignée rapidement, sinon il peut se produire une déshydratation, encore appelée toxicose (voir ce mot). Il y a donc lieu de soigner énergiquement toute diarrhée débutante et de consulter au moindre doute. Chez le grand enfant on a un peu plus de temps.

Des causes variables

L'origine peut en être infectieuse (les otites peuvent se compliquer de diarrhée), parasitaire ; parfois il s'agit de troubles de la digestion (intolérance au lait, aux légumes, aux fruits) ou d'une complication de l'antibiothérapie. Parfois aucune cause n'est retrouvée.

Les principaux symptômes

Soignées à temps, beaucoup de diarrhées restent bénignes. Les suites sont simples.

Principaux symptômes : selles fréquentes, liquides (mais plusieurs selles par jour, voire une par tétée, ne sont pas anormales chez un enfant nourri au sein), de couleur jaune verdâtre ou franchement verte, avec des aliments non digérés, parfois du sang ; il y a des douleurs abdominales (le bébé pleure).

La réhydratation

La réhydratation est indispensable. Il faut donner de l'eau sucrée à volonté (si l'état est grave, la réhydratation se fera par perfusion dans un service de pédiatrie) et une soupe de carottes.

Traitement homéopathique d'urgence

On peut essayer un traitement homéopathique pendant deux ou trois heures. Consulter au moindre doute.

Donner au nourrisson ou à l'enfant (le dosage est le même) trois granules toutes les heures ou trois fois par jour, selon l'intensité des symptômes, de l'un des médicaments suivants (ou de plusieurs en alternance en cas d'hésitation).

Selon la cause

- Après un coup de froid, spécialement sur le ventre, ACONIT 9 CH.
- Après consommation de sucre ou de sucreries, ARGENTUM NITRICUM 9 CH.
- Après un excès alimentaire, ANTIMONIUM CRUDUM 9 CH.
- Diarrhée d'origine infectieuse, ARSENICUM ALBUM 9 CH.
- Par intoxication alimentaire, ARSENICUM ALBUM 9 CH.
- Après une coupe de cheveux, BELLADONA 9 CH.

- Diarrhée émotive (avant un événement important, par exemple un examen, ou encore après une mauvaise nouvelle),
GELSEMIUM 9 CH.
- Pendant la poussée dentaire,
CHAMOMILLA 9 CH.
- Par les huîtres (chez le grand enfant),
LYCOPODIUM 9 CH.
- Par le lait,
chez le nourrisson au sein,
AETHUSA CYNAPIUM 9 CH.
Chez le nourrisson recevant du lait industriel et chez le grand enfant,
MAGNESIA MURIATICA 9 CH.
- Par le gras,
PULSATILLA 9 CH.
- Par les glaces,
PULSATILLA 9 CH.
- Par les fruits,
VERATRUM ALBUM 9 CH.
- Pendant les règles, chez l'adolescente,
VERATRUM ALBUM 9 CH.

Selon l'aspect des selles

- Selles mi-solides, mi-liquides,
ANTIMONIUM CRUDUM 9 CH.
- Selles comme de l'eau,
CHINA RUBRA 9 CH.
- Selles vertes,
CHAMOMILLA 9 CH.
- Selles décolorées, blanches,
PHOSPHORICUM ACIDUM 9 CH.
- Selles jaunes, contenant de la bile,
PODOPHYLLUM 9 CH.
- Selles contenant des glaires,
MERCURIUS SOLUBILIS 9 CH.
- Selles contenant du sang,
PHOSPHORUS 9 CH.

Selon les troubles concomitants

- Diarrhée avec émissions involontaires de selles (chez le grand enfant),
ALOE 9 CH.
- Diarrhée de très mauvaise odeur,
ARSENICUM ALBUM 9 CH.
- Diarrhée d'odeur acide,
RHEUM 9 CH.
- Avec épuisement après la selle (chez le grand enfant),
CHINA RUBRA 9 CH.
- Sans douleur (chez l'enfant en âge de s'exprimer),
CHINA RUBRA 9 CH.
- Avec douleurs améliorées quand l'enfant est plié en deux,
COLOCYNTHIS 9 CH.
- Selles en jet soudain,
PODOPHYLLUM 9 CH.
- Avec sueurs froides,
VERATRUM ALBUM 9 CH.

- Avec nausées et langue propre (non chargée), IPECA 9 CH.
- Avec amaigrissement rapide (chez le nourrisson), AETHUSA CYNAPIUM 9 CH.
- Avec soif intense, PHOSPHORUS 9 CH.

Consulter s'il n'y a pas amélioration très rapide.

Les diarrhées chroniques

Il peut s'agir d'une infection passée inaperçue, d'une mucoviscidose (voir ce mot), d'une intolérance au gluten ou maladie cœliaque (voir ce mot), d'une parasitose, d'une malformation.

Il y aura des symptômes d'accompagnement tels que graisses ou sang dans les selles, vomissements, ballonnement abdominal, manque d'appétit, amaigrissement.

Seul le médecin pourra s'occuper de ces cas. Bien souvent il y aura possibilité de traitement homéopathique, au moins comme adjuvant.

Diète

▶ Voir **Régime.**

Digestion difficile

Il a trop mangé

Il se plaint du ventre, il vomit, mais n'a pas de température. Il a sans doute trop mangé. Tout rentrera dans l'ordre rapidement (sinon consulter) avec :

ANTIMONIUM CRUDUM 9 CH,
trois granules toutes les heures jusqu'à amélioration.

Intolérance à un aliment précis

Donner trois granules toutes les heures de l'un des médicaments suivants :

- Beurre, PULSATILLA 9 CH.
- Carottes, LYCOPODIUM 9 CH.
- Choucroute, BRYONIA 9 CH.
- Choux, PETROLEUM 9 CH.
- Confiture, ARGENTUM NITRICUM 9 CH.
- Farines, NATRUM SULFURICUM 9 CH.
- Fraises, FRAGARIA 9 CH.
- Fromage, PTELEA 9 CH.
- Fruits, CHINA RUBRA 9 CH.

- Glaces,
  PULSATILLA 9 CH.
- Gras,
  PULSATILLA 9 CH.
- Huîtres,
  LYCOPODIUM 9 CH.
- Lait,
  AETHUSA CYNAPIUM
  9 CH.
- Légumes,
  NATRUM SULFURICUM
  9 CH.
- Miel,
  ARGENTUM NITRICUM
  9 CH.
- Œufs,
  FERRUM METALLICUM
  9 CH.
- Oignons,
  LYCOPODIUM 9 CH.
- Pain,
  BRYONIA 9 CH.
- Pâtisserie,
  PULSATILLA 9 CH.
- Poisson,
  CHININUM
  ARSENICOSUM 9 CH.
- Pommes de terre,
  ALUMINA 9 CH.
- Sel,
  PHOSPHORUS 9 CH.
- Sucre,
  ARGENTUM NITRICUM
  9 CH.
- Viande, en général,
  FERRUM METALLICUM
  9 CH.

Porc,
PULSATILLA 9 CH.
Veau,
KALIUM NITRICUM 9 CH.

▶ Voir aussi **Urticaire, Intoxications.**

Dilatation des bronches

Elle ne devrait plus se voir

Due à la destruction du cartilage bronchique (mis à part les exceptionnels cas congénitaux) par des bronchites à répétition, la dilatation des bronches est devenue rare et ne devrait plus se voir.

Les principaux symptômes sont : toux grasse (surtout le matin), difficulté à respirer, expectoration purulente (chez le grand enfant), bronchites à répétition au moment des surinfections.

Dans les cas sévères le médecin demandera un examen radiologique des bronches à l'aide d'un produit de contraste (le lipiodol), seul moyen d'affirmer le diagnostic.

Le meilleur traitement est préventif

Il consiste à traiter énergiquement les bronchites aiguës de l'enfant (l'homéopathie en est capable) et à augmenter la résistance aux infections respiratoires par un traitement homéopathique du terrain.

Si la dilatation des bronches est déjà constituée, il faut :

- pratiquer le « drainage postural » en position tête basse, deux séances de quinze minutes par jour, afin d'éliminer les sécrétions bronchiques ; les sirops « contre la toux » sont interdits puisqu'ils empêchent l'expectoration ;
- traiter les poussées infectieuses, par les antibiotiques ou l'homéopathie selon les cas ;
- aider l'enfant par des cures thermales et climatiques.

En attendant de consulter un homéopathe on peut toujours donner, en l'absence de fièvre :

STANNUM 9 CH,
KALIUM BICHROMICUM 9 CH,
SILICEA 9 CH,
trois granules de chaque trois fois par jour, jusqu'au jour de la consultation.

Diphtérie

L'angine diphtérique

La diphtérie est devenue très rare avec la pratique de la vaccination (voir ce mot) spécifique. Il faut cependant y penser devant l'apparition dans la gorge, sur les amygdales, parfois dans le nez d'éléments d'un blanc grisâtre, nacrés, aux limites nettes, entourés d'un fin liséré rouge sombre. Ce sont les fausses membranes : on les distingue de celles de l'angine blanche habituelle parce que dans cette dernière les éléments blancs sont plus ou moins confluents et sans limites nettes. Il existe encore d'autres maladies à fausses membranes comme la mononucléose infectieuse (voir ce mot).

L'incubation est de deux à sept jours. La température est de 38-39 °C. Il y a des ganglions, une grande fatigue, de la difficulté à avaler et à respirer.

Le croup

Si l'on ne traite pas la diphtérie à ce stade, le larynx est obstrué à son tour par les fausses membranes : c'est le croup. Il y a alors enrouement, toux rauque, tendance à l'asphyxie.

Des paralysies peuvent survenir dues à la toxine du microbe responsable de la diphtérie, le bacille de Loeffler.

Le traitement

La diphtérie peut être soignée par l'homéopathie, à condition de sélectionner le traitement avec rigueur. Seul un médecin homéopathe peut le faire.

Si le cas n'est pas net, il préférera peut-être le traitement classique, c'est-à-dire le sérum antidiphtérique, malgré les séquelles que celui-ci peut laisser.

En cas d'isolement absolu, sans recours médical possible, donner à l'enfant :

MERCURIUS CYANATUS
5 CH,
trois granules toutes les heures, jusqu'à amélioration.

Ce médicament est loin d'être le seul possible, et seul le « bon » médicament, c'est-à-dire celui qui est indiqué par les symptômes particuliers du cas, sauvera l'enfant. Il faut le savoir.

Divorce

L'enfant du divorce

Situation douloureuse pour tous les membres de la famille, le divorce (ou la séparation) des parents est cruellement ressenti par l'enfant. Il éveille un sentiment d'insécurité, d'abandon, voire de responsabilité dans la mésentente.

Il n'entre pas dans les attributions de l'homéopathe en tant que tel de donner des conseils aux parents qui ne s'entendent plus, sinon celui de préserver l'enfant au maximum, de le respecter en ne se déchirant pas en sa présence et en le laissant aimer ses deux parents.

Au moindre signe, traiter son anxiété.

▶ Voir **Nervosité**.

Douillet

▶ Voir **Comportement**.

Douleurs

Sélectionner le traitement en fonction des autres symptômes

Un traitement homéopathique correctement établi est très efficace contre la douleur. Pour chaque cas particulier voir la rubrique correspondant à l'affection en cause.

Drogue

Tout tenter

Le traitement de fond par un médecin homéopathe ne

sera qu'un des éléments de la « récupération » de l'adolescent tombé dans le piège de la drogue.

Il faut tout tenter, en particulier faire comprendre au drogué qu'il doit lutter lui-même pour s'en sortir. Ne pas le priver de (ou lui redonner) compréhension et affection.

Le traitement homéopathique n'aura pas par lui-même de pouvoir de « sevrage », mais il aidera à lutter contre l'anxiété et donnera de l'énergie à l'adolescent.

Dyslexie, dysorthographie

▶ Voir **École**.

Dyspepsie

▶ Voir **Digestion difficile**.

e

Ecchymoses

▶ Voir **Blessures** (hématomes).

Écharde

▶ Voir **Blessures** (piqûres).

École

Un souci permanent : l'échec scolaire

Nous avons tous de l'ambition pour nos enfants. Quand ils réussissent bien en classe, nous sommes fiers pour eux (et aussi pour nous).

A l'opposé l'échec scolaire nous fait peur (ou mal). Sans dramatiser, sans nous désintéresser de l'enfant, sans lui inculquer à tout prix l'esprit de compétition, nous devons tout tenter pour l'aider.

Il n'y a pas de traitement homéopathique contre les mauvaises notes, le désintérêt pour ce qui se passe en classe ou les difficultés de l'attention. Chaque cas est particulier, et tout le monde doit se sentir concerné : l'enfant avant tout, ses parents, les enseignants, son médecin.

Après détermination de la cause spécifique s'il y en a une, l'homéopathe saura trouver un traitement de fond qui, conjointement à d'autres mesures, aidera l'enfant à se prendre en charge.

La cause médicale

En cas de difficulté scolaire, il ne faut pas hésiter à montrer l'enfant à un médecin, il peut y avoir une cause organique : déficience visuelle ou auditive, maladie générale responsable de fatigue, maladie invalidante ; parfois il s'agira d'une dépression nerveuse latente, ou d'un manque chronique de sommeil.

Le problème socioculturel

L'enfant qui ne parle pas la même langue à la maison et

en classe ne se trouve pas dans une ambiance favorable à la réussite. Il s'agit là d'une cause extra-médicale difficile à surmonter, mais à prendre en considération.

La timidité

L'enfant peut manquer de confiance en lui, être capable de suivre correctement ce qu'on lui explique et cependant ne pas être à même de montrer ses connaissances au moment opportun. Parfois, à tort, il peut paraître inintelligent. Certains enseignants se rendront compte de la situation et l'aideront à surmonter ses difficultés. D'autres penseront que tout effort est inutile.

Il faut donc aider cet enfant. Le médicament à lui donner sera souvent :

SILICEA 9 CH,
trois granules trois fois par jour, vingt jours par mois pendant quelques mois.

Dyslexie, dysorthographie

Il s'agit d'un trouble de l'apprentissage du langage écrit. L'enfant a une intelligence normale, une maturité satisfaisante pour son âge, aucun déficit visuel, auditif ou moteur. Il n'a pas de trouble psychique majeur. Il n'est pas spécialement timide ou paresseux. Il a normalement suivi l'ensemble des cours. Cependant, il ne possède pas pleinement la technique de la lecture et de l'écriture :
- il confond de façon habituelle certaines lettres à caractère symétrique : le *b* et le *d*, le *p* et le *b*, le *p* et le *q*, le *n* et le *u* ;
- il inverse certaines lettres (« car » devient « cra »), certaines syllabes, certains mots ;
- il confond les homophones (et-est-ait) ;
- en revanche, le calcul est normalement appris et exécuté.

Sur le plan scolaire les enseignants devront, aussi souvent que ce sera possible sans troubler la marche normale de la classe, noter l'enfant sur des réponses orales (qui ne sont pas perturbées).

Une rééducation par orthophoniste sera entreprise, aussi précoce que possible, parallèlement à la poursuite normale des études.

L'homéopathie aidera l'enfant en calmant les troubles nerveux secondaires à sa maladresse dans la lecture et l'écriture. Une consultation s'impose. Assez souvent LYCOPODIUM sera le médicament central de l'ordonnance.

Les troubles d'apprentissage du calcul

Certains enfants ont des difficultés en calcul. Ils ont une intelligence pratique mais sont brouillés avec les symboles numériques.

D'autres sont bons pour le calcul lui-même, mais veulent aller directement au résultat en sautant quelques déductions logiques intermédiaires.

Le médecin homéopathe consulté prescrira des médicaments tels que CALCAREA CARBONICA, LUESINUM, LYCOPODIUM, MERCURIUS SOLUBILIS.

Il est turbulent en classe

L'enfant hyperactif ne peut sagement rester assis à sa place : il bavarde, éprouve le besoin de faire rire ses camarades. Parfois le comportement à la maison est tout à fait normal. Voir **Comportement** (hyperactif).

L'enfant caractériel

L'enfant caractériel ne travaille pas bien en classe. S'il est normalement intelligent (ce qui est le cas habituel), il y a quelque chose à faire. Il faut l'aider à s'épanouir et tenter de le comprendre. En tout cas éviter de le placer dans un institut médico-pédagogique où il va se trouver en permanence avec des enfants à problèmes.

Il faut briser par tous les moyens sa « mauvaise réputation ». Tout le monde est partie prenante dans cette affaire : l'enfant lui-même, ses parents, les enseignants. L'homéopathie constituera une aide précieuse. Voir **Caractériel**.

De toute manière, il faudra consulter.

Et le surdoué ?

C'est désormais bien connu, le surdoué s'ennuie en classe et en arrive à négliger son travail. Il finit par donner involontairement le change et paraître en retard, paresseux, non doué.

Paradoxalement, sa maturité intellectuelle est un fardeau (physiquement et affectivement il n'a pas plus que son âge).

On peut le montrer à un homéopathe. Les médicaments recommandés le plus souvent seront LYCOPODIUM ou SILICEA.

Il refuse d'aller en classe

Si un enfant (souvent un bon élève) refuse d'aller en classe sans motif valable de santé, il ne faut pas entrer dans son jeu, même une journée. Essayer par tous les moyens de le faire assister aux cours, sinon chaque jour qui passe rendra la décision plus difficile.

Ses motifs sont à prendre en considération, voire en charge, même s'il ne se les avoue pas : problème affectif, sensation d'être dépassé par le reste de la classe, difficultés avec un enseignant, etc.

C'est souvent devant la porte de l'établissement scolaire qu'il ressent des malaises (tremblements, vomissements, palpitations) et renonce à en franchir le seuil. Un médecin ne trouvera aucune affection organique. Il prescrira un traitement de fond pour la nervosité. Au début des troubles on peut se contenter de donner à l'enfant ou à l'adolescent :

ARGENTUM NITRICUM 9 CH,
trois granules trois fois par jour, jusqu'à ce que tout soit rentré dans l'ordre.
Si l'on fait preuve de fermeté on l'aidera à surmonter l'obstacle ; mais cette fermeté doit être pleine de nuances, sinon il fera semblant d'aller en classe : l'école buissonnière, malgré son nom romantique, n'a pas, à juste titre, la faveur de la société. Elle est l'expression non verbale d'un conflit latent. Là encore, il faut utiliser les moyens de la concertation et de la consultation.

▶ Voir aussi **Comportement, Trac, Retard** (mental).

Ectopie testiculaire

▶ Voir **Testicules.**

Eczéma

Surtout pas de cortisone

L'eczéma de l'enfant appartient au groupe générique des allergies (voir ce mot) ; il est le plus souvent héréditaire. Un traitement de fond par un homéopathe est indispensable.

Il faut proscrire les pommades à base de cortisone (sauf poussées absolument incontrôlables) car, si elles ont un effet spectaculaire sur la peau, ce peut être au prix d'un passage à une autre forme d'allergie aussi pénible et plus redoutable : l'asthme (voir ce mot).

L'eczéma constitutionnel ou atopique

L'eczéma du nourrisson, dit constitutionnel ou atopique (c'est la même chose), apparaît entre le troisième et le sixième mois, chez 1 à 2 p. 100 des enfants : il n'est donc pas rare. Il est plus ou moins étendu et s'accompagne d'une démangeaison intense. Il est très marqué aux joues et aux plis (derrière les oreilles, au pli du coude, au creux du genou).

Il est pénible de voir un nourrisson se gratter de façon quasiment permanente, en arriver à mettre sa peau à vif par endroits. Il faut lui mettre des moufles et le saupoudrer de talc au CALENDULA. Éviter de laisser macérer l'enfant dans son urine ou ses matières. A ce titre les couches plastifiées, pourtant si pratiques, doivent être un recours exceptionnel car elles favorisent la macération.

Il faudra montrer l'enfant à un médecin homéopathe, et cela le plus tôt possible (on pourra se servir des conseils ci-dessous uniquement si l'on doit attendre le rendez-vous).

L'évolution sera lentement régressive moyennant un traitement longuement poursuivi. Si l'on consulte dès la sortie de l'eczéma et qu'au bout d'un an l'enfant présente un eczéma qui n'a pas augmenté, on peut se réjouir. Il faudra plusieurs années pour arriver à un résultat quasi complet dans un cas d'eczéma constitutionnel. Bien sûr une sensibilité à certains produits inhalés, ingérés ou appliqués restera possible malgré la guérison. Il faudra être prudent lorsqu'il s'agira d'envisager l'orientation professionnelle.

L'eczéma survenant chez le plus grand enfant

Si l'enfant n'a rien eu dans les premiers mois et que soudain un eczéma apparaît, il s'agit d'un eczéma occasionnel qui sera plus facile à traiter. Il faut supprimer la cause déclenchante si on la connaît (pommade, produit de lessive, boucles d'oreilles fantaisie). Se méfier des aliments en conserve car le métal des boîtes contient du nickel, grand responsable d'allergie.

Le traitement homéopathique

Selon l'aspect de l'eczéma donner trois granules trois fois

par jour, de l'un des médicaments suivants. En cas de persistance au-delà de dix jours consulter.

- Eczéma rosé,
  APIS 9 CH.
- Sec en fine poudre,
  ARSENICUM ALBUM 9 CH.
- Sec en grosses squames,
  ARSENICUM IODATUM
  9 CH.
- Avec peau rouge,
  BELLADONA 9 CH.
- Avec grosses bulles (comme des brûlures),
  CANTHARIS 9 CH.
- Avec suintement comme du miel,
  GRAPHITES 9 CH.
- Avec croûtes blanchâtres,
  MEZEREUM 9 CH.
- Avec fissures à fond sanglant,
  NITRICUM ACIDUM 9 CH.
- Avec vésicules,
  RHUS TOXICODENDRON
  9 CH.
- Avec un aspect corné,
  ANTIMONIUM CRUDUM
  9 CH.
- En cas de dyshidrose (petits grains transparents sous la peau),
  RHUS VERNIX 9 CH.

Empoisonnement

Pas de danger avec les médicaments homéopathiques

Il n'y a pas d'empoisonnement possible avec un médicament homéopathique. Sur le tube il y a écrit « ARSENICUM », « MERCURIUS », « OPIUM » et il a avalé tous les petits grains blancs ? Aucune importance, les produits sont suffisamment dilués pour être atoxiques. Un point à surveiller cependant : quelques médicaments peuvent être peu ou pas dilués. Certains sont dangereux, d'autres non. Si

---

**La prévention
des empoisonnements**

Un certain nombre de précautions seront prises pour préserver l'enfant des tentations :
– toutes les substances toxiques et les médicaments chimiques seront hors de portée dans un placard fermé à clef ;
– les produits périmés ou inutiles seront jetés à la poubelle ; dans la cuvette des W.-C. pour les substances dangereuses ;
– les produits ménagers seront conservés dans leur emballage et avec leur étiquetage d'origine.

l'enfant a avalé un produit portant un chiffre au-dessous de 3 CH ou de 6 DH, demander par téléphone l'avis du médecin homéopathe ou du centre antipoisons.

L'empoisonnement par produit toxique

Les médicaments chimiques, les produits ménagers, les cosmétiques, les baies de certaines plantes d'appartement constituent des dangers permanents. Il faut les mettre hors de la portée des enfants. Si malgré tout un accident arrive, alerter immédiatement le centre antipoisons. (Pourquoi ne pas avoir dès maintenant près du téléphone le numéro du centre antipoisons ou du SAMU dont dépend votre lieu de résidence ?)

En cas d'intoxication emporter avec soi à l'hôpital le produit responsable.

Bien souvent l'hospitalisation s'impose et l'homéopathie n'est pas utile. En revanche, à la sortie de l'hôpital, on donnera à l'enfant :

ISOTHERAPIQUE 9 CH,
trois granules trois fois par jour, pendant 2 mois.

L'isothérapique sera préparé spécialement à partir du produit ayant entraîné l'intoxication ; il évitera les séquelles.

Encéphalite

L'inflammation du cerveau

Il s'agit d'une maladie assez sérieuse due à l'inflammation du cerveau. Les causes en sont variées :
– encéphalite infectieuse, soit par atteinte directe d'un virus, soit après une rougeole, une coqueluche, une varicelle, les oreillons ; ces cas ne se voient pas si les enfants sont soignés, dès le départ, par l'homéopathie ;
– encéphalite après un vaccin, exceptionnelle depuis l'abolition de la vaccination antivariolique ;
– encéphalite métabolique, due à l'intoxication des cellules cérébrales par divers produits en provenance de l'organisme lui-même.

Les principaux symptômes

Il y aura une fièvre élevée, des troubles de la conscience (voire un coma), des convulsions, des troubles respiratoires, des paralysies.

Le traitement

L'avis du médecin est obligatoire. Les cas graves seront hospitalisés. Il existe heureusement des cas bénins pour lesquels le médecin homéopathe essaiera son traitement (APIS, HELLEBORUS en sont les principaux éléments).

En cas de séquelles d'une encéphalite ancienne donner à l'enfant :

HELLEBORUS 9 CH,

trois granules trois fois par jour, vingt jours par mois, pendant quelques mois.

Encoprésie

Une constipation passée inaperçue

Un enfant (le plus souvent un garçon) qui n'est pas encore « propre » à trois ans doit être montré à un médecin.

On élimine la simple et banale souillure du slip qui peut arriver de temps à autre ; on ne parle pas non plus d'encoprésie dans les cas d'atteinte neurologique.

L'encoprésie est due à un trouble psycho-affectif. Il y aura eu bien souvent une période de propreté normale puis apparition régulière de matières dans le slip. Il s'agit en fait d'un enfant qui se retient, se constipe et ne défèque que par regorgement, lorsque son rectum est trop plein.

C'est un enfant à problème (personnel ou familial), opposant. L'encoprésie est sa manière de dire « non ».

Le médecin constate que l'anus est plus ou moins relâché et contient une masse pâteuse caractéristique. Il demande une radiographie simple de l'abdomen qui montre des fécalomes (accumulation de matières dures). Il y a rarement des signes d'occlusion.

Dans la plupart des cas la constipation ne cédera qu'à un lavement (il faut évacuer les fécalomes) effectué dans un service spécialisé.

L'homéopathe interviendra par un traitement de fond complémentaire, adapté à chaque cas particulier. Consulter.

Enrouement

▶ Voir **Laryngite.**

Entérite

Inflammation de l'intestin.

▶ Voir **Diarrhée.**

Entorse

▶ Voir **Blessures.**

Énurésie

A partir de quatre ans

Jusqu'à trois ans, et même quatre, il est acceptable (même si ce n'est agréable pour personne) que les enfants mouillent leur lit la nuit. Certains, bien sûr, s'arrêtent plus tôt.

Après l'âge de quatre ans l'énurésie (miction normale, complète, involontaire, survenant généralement la nuit) doit être traitée. L'enfant, le plus souvent un garçon, perd ses urines sans se réveiller. Il est profondément endormi et inconscient de ce qui se passe.

Il est de bonne règle de vérifier l'absence de lésion ou d'infection des voies urinaires. En général il n'y en a pas, et l'on considère qu'il s'agit d'un trouble d'origine psychologique ou affectif.

Parfois, il s'agit de la prolongation, au-delà de l'âge normal, de la miction nocturne. On parle alors d'*énurésie primaire*. Elle est de nature constitutionnelle et le mécanisme psychologique n'est pas exclusif. Il y a un manque de maturité des centres nerveux et des muscles qui contrôlent l'émission d'urine.

Parfois l'enfant a été « propre » pendant un certain temps, puis s'est mis à nouveau à uriner au lit, plus ou moins régulièrement. On parle alors d'*énurésie secondaire*. Elle est due à une perturbation psychologique, à un événement familial (naissance d'un frère ou d'une sœur). Cette forme d'énurésie est plus facile à traiter. Le temps de latence prouve que les circuits neuro-musculaires peuvent fonctionner normalement.

Ni sanctions ni félicitations

Avant d'entrer dans le détail du traitement de l'énurésie, quelques recommandations ne sont pas inutiles :
- la prévention se fera par une éducation mictionnelle ferme mais non rigoriste ; à partir de l'âge de huit ou dix mois on mettra l'enfant régulièrement sur le pot durant la journée, il en comprendra peu à peu l'usage ; l'éducation nocturne débutera vers l'âge de quinze mois ; elle ne consistera pas en sanctions lorsque le lit est mouillé et félicitations lorsqu'il ne l'est pas ; elle insistera sur le confort de l'enfant, l'agrément d'être « au sec » ;
- il ne faut pas supprimer les boissons après 17 heures ; on peut les restreindre légère-

ment mais sans le faire remarquer ;

– éviter, si possible, la mise en place de couches chez l'enfant au-delà de trois ans ; cela est plus confortable pour la famille, mais cette pratique lui rappelle chaque soir qu'un « accident » peut se produire ; il faut au contraire tout faire pour qu'il prenne confiance en lui ;

– il vaut mieux ne pas réveiller l'enfant au milieu de la nuit ; si l'on y tient absolument, il faut alors le réveiller complètement : la miction doit toujours être consciente et volontaire ;

– ne pas utiliser d'appareil à commande électrique susceptible de le réveiller en cas d'émission spontanée ;

– ne parlez pas du pipi au lit de votre enfant à d'autres mères, car elles le répéteront à leurs propres enfants et bientôt toute la classe, tous les enfant du voisinage seront au courant ;

– résoudre les conflits familiaux éventuels.

Le traitement homéopathique

Voici quelques conseils qui peuvent vous aider à commencer un traitement. Donner trois granules trois fois par jour de l'un des médicaments suivants.

● L'enfant parle en dormant, son sommeil est agité, il rêve qu'il urine, BELLADONA 9 CH.

● Si les urines ont une odeur forte, BENZOÏCUM ACIDUM 9 CH.

● Si l'enfant perd en même temps ses urines et ses matières, HYOSCYAMUS 9 CH.

● Si, en plus de l'énurésie, l'enfant perd des urines dans la journée, CAUSTICUM 9 CH.

● En cas d'énurésie du premier sommeil (l'enfant n'urine jamais dans la seconde partie de la nuit), SEPIA 9 CH.

● En cas de sommeil très lourd (bien que vous ne deviez pas le faire régulièrement, vous l'avez réveillé une fois ou deux et vous vous êtes aperçu qu'il est très difficile de le tirer du sommeil), CHLORALUM 9 CH.

● Énurésie sans symptôme particulier, EQUISETUM HIEMALE 9 CH.

De toute manière, il faut consulter un médecin homéopathe car un traitement personnalisé s'impose. Il faut savoir que le traitement sera de longue durée.

La miction volontaire contrôlée

En plus du traitement homéopathique, il faut apprendre à l'enfant à contrôler ses muscles. Une ou deux fois par jour lorsqu'il urine, il doit volontairement s'arrêter au milieu du jet puis uriner de nouveau. Cela l'entraîne à faire fonctionner sa vessie correctement.

▶ Voir aussi **Encoprésie.**

Envie

▶ Voir **Nævus.**

Épilepsie

Un mot tabou

L'épilepsie effraie. En fait, c'est une maladie comme une autre, bien ennuyeuse certes, mais qui ne doit pas mettre l'entourage mal à l'aise.

Elle n'est pas héréditaire, bien qu'il y ait une prédisposition familiale.

La cause peut en être : un traumatisme crânien, des séquelles d'encéphalite, une maladie infectieuse, d'autres mécanismes plus rares. Le plus souvent il n'y a pas d'origine connue.

La grande crise, ou « grand mal »

La crise complète débute par un cri, puis il y a perte de conscience, chute sur le sol, raidissement, ensuite les yeux roulent, les quatre membres s'agitent ; le plus souvent l'enfant se mord la langue, urine sur lui ; le tout se termine par une phase de coma avec ronflements. Cette crise se répète plus ou moins souvent.

Formes localisées

Il existe des formes localisées avec convulsions d'un seul membre, ou bien une paralysie transitoire d'un membre, ou seulement des sensations anormales localisées (comme des engourdissements).

Ce type de crise peut rester localisé ou bien se généraliser et aboutir à la grande crise.

Les absences, ou « petit mal »

Les absences sont caractérisées par une suspension transitoire de la conscience (pendant 5 à 30 secondes), sans mouvement spasmodique. L'enfant s'immobilise, a un regard fixe, puis revient à lui avec un profond soupir. Il continue alors l'action qui était en cours. Cela peut se répéter plusieurs fois par jour.

L'électro-encéphalogramme

Dans tous les cas c'est l'électro-encéphalogramme qui permet d'affirmer le diagnostic. L'enregistrement de l'électricité cérébrale présente alors des perturbations caractéristiques.

Cet examen est indispensable afin de ne pas prendre pour de l'épilepsie ce qui n'en est pas (de simples convulsions fébriles par exemple). On évite ainsi un traitement au long cours pour des cas qui n'en valent pas la peine.

L'homéopathie permet de réduire le traitement chimique

Ce sont les médicaments classiques qui sont au premier plan dans le traitement de l'épilepsie. Ils doivent être pris régulièrement, sans omission, avec contrôle périodique de l'électro-encéphalogramme.

Le traitement homéopathique, prescrit par un médecin, permettra de réduire les doses de médicaments classiques et de calmer l'état nerveux de l'enfant.

▶ Voir aussi **Convulsions, Spasme du sanglot.**

Épiphysite de croissance

▶ Voir **Colonne vertébrale** (maladie de Scheuermann).

Épistaxis

Nom scientifique du saignement de nez.

▶ Voir **Hémorragie.**

Érections du petit garçon

▶ Voir **Sexuels** (problèmes).

Éructations

Le rot après la tétée

▶ En cas de problème, voir **Alimentation.**

Éructations chez le grand enfant

Lui donner jusqu'à amélioration trois granules trois fois

par jour, selon les circonstances, de l'un des médicaments suivants.

- Éructations très abondantes ou très sonores,
  ARGENTUM NITRICUM 9 CH.
- Éructations lorsqu'il a trop mangé,
  CARBO VEGETABILIS 9 CH.
- Il se plaint que les éructations ont très mauvais goût (goût d'œuf pourri),
  ARNICA 9 CH.

Éruptives (Fièvres)

Rarement avant six mois

La plupart des fièvres éruptives de l'enfance sont curables par l'homéopathie. Parfois se posent des problèmes de diagnostic, car certaines sont atypiques. Selon les cas on pourra lire les rubriques : **Cinquième maladie, Roséole infantile, Rougeole, Rubéole, Scarlatine, Varicelle**. Le plus souvent possible il faudra faire appel au médecin homéopathe.

Savoir également que ces maladies se voient rarement avant l'âge de six mois car, au départ de sa vie, l'enfant bénéficie d'une immunité qui lui est transmise par sa mère.

Une fièvre qui ne dit pas son nom

Si on a l'impression qu'une maladie éruptive est en train de couver sans qu'on sache laquelle, on peut donner sans risque trois fois dans la journée trois granules de :
GELSEMIUM 9 CH.
Après la sortie de l'éruption se reporter à la rubrique correspondante.

▶ Voir aussi **Vaccination**.

Érysipèle

Une plaque rouge et surélevée

L'érysipèle est une infection aiguë de la peau provoquée par certaines variétés de streptocoques. Il peut apparaître n'importe où, mais la localisation à la face est typique.

Le début est brutal, avec une forte fièvre, éventuellement accompagnée de frissons. Puis apparaît la plaque d'érysipèle dont les caractéristiques sont : peau surélevée, rouge et luisante avec un bord net, ganglions satellites de la plaque, fièvre élevée.

L'érysipèle est contagieux. Sa durée est de quelques jours à trois semaines. Il est rare actuellement.

Il y a des antibiotiques efficaces, mais l'homéopathie, entre des mains expertes, réussit très bien également. Consulter le plus rapidement possible un homéopathe.

En cas d'impossibilité absolue, on peut toujours donner à l'enfant sous contrôle médical :

APIS 9 CH,
BELLADONA 9 CH,
RHUS TOXICODENDRON 9 CH,
trois granules de chaque trois fois par jour, pendant dix jours.

Érythème fessier du nourrisson

Les fesses rouges

Le nourrisson a fréquemment les fesses rouges, même s'il reçoit des soins attentifs. Cela est dû au contact des selles et de l'urine sur sa peau tendre. On peut également accuser les lessives modernes, ainsi que les couches occlusives plastifiées. Dans ce cas il y a lieu de revenir, au moins pour un temps, aux couches classiques qu'on lavera avec du savon de Marseille. Bien sûr il faut tenir l'enfant le plus au sec possible et le changer très souvent. Si la maison est normalement chauffée on peut le laisser les fesses à l'air, ce qui est la meilleure façon de prévenir la macération. Donner à l'enfant jusqu'à amélioration :

BELLADONA 9 CH,
HEPAR SULFURIS CALCAREUM 9 CH,
MEDORRHINUM 9 CH,
trois granules de chaque trois fois par jour (au besoin mettre les granules dans un linge propre et les écraser à l'aide d'un rouleau à pâtisserie).

Érythème noueux

Une éruption rhumatismale

Il s'agit de taches rouges et indurées de la peau, douloureuses, à peu près symétriques, de nature rhumatismale, dues au microbe streptocoque (autrefois également à la primo-infection tuberculeuse).

L'érythème noueux peut être traité par l'homéopathie. Consulter. En cas d'impossibilité absolue donner :

APIS 9 CH,
PHOSPHORUS 9 CH,
STREPTOCOCCINUM 9 CH,
trois granules de chaque trois fois par jour, pendant dix jours.

Érythème pudique

L'enfant rougit facilement sous le coup d'une émotion. En médecine on qualifie cette rougeur du visage d'érythème pudique.

▶ Voir **Comportement** (rougit facilement).

Estomac

Les douleurs passagères

Si un enfant se plaint de douleurs à l'estomac, on peut, dans un premier temps, essayer l'un des conseils qui suivent (trois granules avant les trois repas, jusqu'à amélioration).

- Douleurs avec aigreurs dans la bouche,
  IRIS VERSICOLOR 9 CH.
- Brûlures d'estomac avec soif de petites quantités d'eau froide fréquemment répétées,
  ARSENICUM ALBUM 9 CH.
- Avec soif de grandes quantités d'eau froide,
  PHOSPHORUS 9 CH.
- Crampes à l'estomac améliorées par les éructations,
  CARBO VEGETABILIS 9 CH.
- Crampes avec sensibilité à la pression de l'estomac,
  NUX VOMICA 9 CH.

L'ulcère d'estomac

Il peut se voir chez l'enfant. On arrive à le guérir complètement par l'homéopathie. Le médecin recherchera les facteurs psychologiques ou héréditaires (maladie ulcéreuse familiale). En attendant la consultation donner :
ARGENTUM NITRICUM 9 CH,
KALIUM BICHROMICUM 9 CH.
trois granules de chaque trois fois par jour.

Éternuements

Chez le nourrisson

Un éternuement de temps en temps est normal chez le nourrisson : c'est sa façon de se moucher, de nettoyer son nez. Il ne s'agit pas d'un rhume.

Chez le plus grand enfant

▶ Voir **Rhume, Rhume des foins**.

Eugénisme prénatal

Dès la conception

La vie du bébé commence au moment de la fécondation de l'ovule par le spermatozoïde. On peut, par l'intermédiaire de sa mère, donner un traitement au fœtus pour lui permettre de venir au monde dans les meilleures conditions de santé possible.

La mère prendra pendant toute la durée de la grossesse :

LUESINUM 30 CH,
MÉDORRHINUM 30 CH,
TUBERCULINUM 30 CH,
une dose de chaque tous les dix jours en alternance, ce qui revient à prendre une dose de chaque par mois.

Évanouissement

▶ Voir **Syncope.**

Éviction scolaire

▶ Voir tableau pages suivantes.

Examens
(Préparation aux)

▶ Voir **Trac.**

Exanthème subit

▶ Voir **Roséole infantile.**

DURÉE D'ÉVICTION POUR LES MALADIES CONTAGIEUSES
(Arrêté du 10 avril 1961)

Maladies	Durée d'éviction		Mesures particulières pour la classe
	Malades	Enfants au foyer	
Coqueluche	30 jours après le début des quintes	Aucune	Aucune
Oreillons	Jusqu'à guérison (21 jours)	Aucune	Aucune
Rougeole	Jusqu'à guérison (14 jours)	Aucune	Aucune
Diphtérie	30 jours après guérison ou après 2 prélèvements négatifs à 8 jours d'intervalle	7 jours après prélèvement négatif. Aucune si vaccin ou rappel depuis moins de 1 an	Rappel ou vaccination de tous les sujets
Scarlatine	15 jours si traitement antibiotique efficace[1]. 15 jours avec prélèvement négatif même sans traitement. 40 jours sans traitement ni prélèvement	7 jours avec prévention médicamenteuse	Prévention médicamenteuse pendant 8 jours
Varicelle	Jusqu'à guérison clinique	Aucune	Aucune
Rubéole	Jusqu'à guérison clinique	Aucune	Aucune

Poliomyélite	30 jours après le début	15 jours après isolement. Aucune si vaccination ou rappel de moins de 1 an	Vaccination ou rappel de tous les sujets
Méningite cérébro-spinale	15 jours après guérison	10 jours après isolement ou 7 jours de traitement	Traitement antibiotique préventif 1 semaine
Typhoïde et Paratyphoïde	20 jours après guérison ou après 2 coprocultures (analyse bactériologique des selles) négatives à 8 jours d'intervalle	Aucune	Aucune
Teignes	Jusqu'à guérison avec certificat médical attestant un prélèvement négatif	Aucune	Aucune
Grippe épidémique, Hépatite virale, Gale, Impétigo, Pyodermite, Brucellose, Dysenterie, Leptospirose	Jusqu'à guérison clinique	Aucune	Aucune

1. On peut éventuellement soigner la scarlatine sans antibiotiques (consulter un médecin homéopathe), mais le certificat pose alors un problème délicat. Un médecin ne pourra affirmer qu'il a prescrit des antibiotiques s'il ne l'a pas fait.

f

Faim

▶ Voir **Appétit**.

Fatigue

*Une sensation pénible
de diminution du pouvoir
fonctionnel de
l'organisme*

L'enfant n'est pas habituellement fatigué. Mais, s'il l'est, il aura du mal à exprimer son état.

Les signes susceptibles d'alerter les parents

Il s'agit principalement de la perte de l'appétit, de troubles du sommeil, du manque de goût pour agir, du désintérêt pour l'école.

Un bilan médical est nécessaire pour déceler une éventuelle maladie organique. Si tous les examens sont normaux, on pourra considérer que le surmenage est responsable des troubles que présente l'enfant. Il se couche sans doute trop tard ; il faudra veiller à ce qu'il dorme suffisamment.

Un traitement homéopathique sera entrepris d'après les directives d'un médecin homéopathe. Exceptionnellement, pour une fatigue très passagère, on se contentera de consulter la rubrique **Fortifiants**.

Faux croup

▶ Voir **Laryngite**.

Fente labio-palatine

Nom médical du bec-de-lièvre.

▶ Voir **Malformations**.

Fesses rouges du nourrisson

▶ Voir **Érythème fessier du nourrisson**.

Feu
(Tendance à mettre le)

▶ Voir **Comportement**.

Fibrose kystique du pancréas

▶ Voir **Mucoviscidose**.

Fièvre

La fièvre : un bon symptôme

La température normale se situe, selon l'heure et l'activité, entre 36°5 et 37°5 C. La fièvre (un des symptômes les plus fréquents chez l'enfant) débute au-delà de 37°5 C.

Il faut, dans la mesure du possible, en trouver la cause et pour cela faire appel au médecin. Celui-ci vous interrogera : l'enfant tousse-t-il, a-t-il de la diarrhée, des vomissements, souffre-t-il ? Il recherchera les principales causes pouvant expliquer la fièvre : infection microbienne ou virale (des voies aériennes supérieures, des oreilles, des poumons, des intestins, des voies urinaires, fièvres éruptives). Il pensera à une réaction à un vaccin, à une appendicite, à un coup de chaleur, ou à des affections heureusement rares : méningite, ostéomyélite, rhumatisme articulaire aigu, encéphalite.

Il n'y a pas de relation proportionnelle entre l'intensité de la fièvre et la gravité de la maladie en cours.

La fièvre est un « bon » symptôme. Elle prouve que l'organisme lutte contre ses agresseurs (microbes ou virus) et les empêche de se multiplier. Elle est souvent élevée chez l'enfant et de survenue brutale car un organisme jeune est vigoureux et réagit violemment. Mais on ne peut la laisser évoluer en raison des complications toujours possibles (déshydratation, convulsions, délire).

Les premiers gestes

Si votre enfant a de la fièvre :
- évitez de trop le couvrir ;
- maintenez la pièce où il se trouve à une température de 20 °C ;
- donnez-lui à boire à volonté (même à un nourrisson) ;
- évitez l'aspirine ;
- au-dessus de 39 °C donnez-lui un bain à un degré de moins que le chiffre de sa fièvre ; laissez-le dix minutes en surveillant la température de l'eau (cette méthode évite les convulsions).

Il n'y a pas de médicament homéopathique « contre la fièvre »

La fièvre tombera quand la cause de la maladie aura été

traitée. C'est cette dernière qui détermine le traitement.

Dans les affections débutantes qui ne paraissent pas graves (l'enfant a bonne mine, sa peau n'est pas déshydratée, il a toute sa conscience) on pourra choisir parmi les médicaments suivants (trois granules toutes les heures, en alternant si on en donne plusieurs).

Selon la cause :

- En cas de fièvre par temps froid et sec,
  ACONIT 9 CH.
- Si l'enfant a pris froid par temps chaud et sec,
  ACONIT 9 CH.
- Si l'enfant a pris froid par temps humide,
  DULCAMARA 9 CH.
- Après un bain froid (en rivière par exemple),
  RHUS TOXICODENDRON 9 CH.

Selon les symptômes concomitants :

- En cas de fièvre avec agitation (et, chez le grand enfant, peur de la mort),
  ACONIT 9 CH.
- Avec vertige et pâleur lorsque l'enfant s'assoit dans son lit,
  ACONIT 9 CH.
- Sans transpiration (fièvre « sèche »),
  ACONIT 9 CH.

- Avec transpiration,
  BELLADONA 9 CH.
- Si ses joues sont rouges et chaudes,
  BELLADONA 9 CH.
- Si ses pupilles sont dilatées,
  BELLADONA 9 CH.
- S'il a des convulsions,
  BELLADONA 9 CH.
- S'il marmonne ou délire à cause de la fièvre,
  BELLADONA 9 CH.
- S'il a les joues alternativement rouges et pâles,
  FERRUM PHOSPHORICUM 9 CH.
- S'il saigne du nez pendant la fièvre,
  FERRUM PHOSPHORICUM 9 CH.
- S'il a de la fièvre sans avoir soif,
  GELSEMIUM 9 CH.
- S'il est « abruti » par la fièvre, demande qu'on le laisse tranquille,
  GELSEMIUM 9 CH.
- S'il a des frissons,
  NUX VOMICA 9 CH.
- S'il a faim malgré la fièvre,
  PHOSPHORUS 9 CH.
- S'il se plaint de douleurs musculaires,
  PYROGENIUM 9 CH.
- S'il remue sans arrêt malgré la fièvre,
  RHUS TOXICODENDRON 9 CH.

▶ Voir aussi **Hypothermie**, **Régime**.

Fièvre de Malte

▶ Voir **Brucellose**.

Fissure anale

▶ Voir **Anus**.

Flatulence

Si l'enfant émet fréquemment des gaz par l'anus, lui donner trois granules trois fois par jour de l'un des médicaments suivants, jusqu'à amélioration :

- Gaz pendant la diarrhée, ALOE SOCOTRINA 9 CH.
- Gaz d'odeur fétide, ARSENICUM ALBUM 9 CH.
- Les gaz sortent mal, ils semblent bloqués dans le ventre, LYCOPODIUM 9 CH.

▶ Voir également **Ballonnement**, **Éructations**.

Foie

Ne le condamnez pas à la maladie de foie

En dehors des maladies congénitales (malformations) ou acquises (comme l'hépatite virale [voir **Ictère**]), il ne faut pas croire que tout enfant qui a des nausées ou qui vomit, ou qui se plaint une fois en passant de mal de tête, souffre d'une maladie de foie. Beaucoup de symptômes sont attribués à tort à cet organe. L'enfant ne doit pas être taxé une fois pour toutes d'hépatique.

Il s'agit dans la plupart des cas d'une simple indisposition passagère pour laquelle on donnera :

CHELIDONIUM COMPOSÉ, trois granules trois fois par jour jusqu'à guérison.

Foins (Rhume des)

▶ Voir **Rhume des foins**.

Folliculite

Une pustule autour d'un poil

Il s'agit de l'inflammation du petit sac glandulaire à partir duquel pousse chaque poil, chaque cheveu. En cas de folliculite du cuir chevelu, consulter. Pour une pustule isolée autour d'un poil on peut donner :

HEPAR SULFURIS CALCAREUM 9 CH, trois granules trois fois par jour, jusqu'à disparition.

Fontanelles

Les derniers points du crâne à s'ossifier

Les fontanelles sont des espaces membraneux entre les os du crâne qui ne s'ossifient qu'après la naissance. Elles ont facilité l'accouchement en permettant un léger chevauchement des os du crâne.

Une pression légère du doigt permet de sentir un creux en forme de triangle à l'arrière du crâne du nouveau-né : c'est la petite fontanelle, qui se comble très vite.

Au sommet du crâne la grande fontanelle, en forme de losange, se comble plus lentement. En moyenne elle sera complètement ossifiée vers l'âge d'un an. Elle est plus ou moins grande selon les bébés. Elle se déprime (on sent comme un creux) en cas de déshydratation (voir **Toxicose**). Elle est bombée dans certaines maladies du système nerveux. Dans les deux cas : consulter rapidement.

Retard à l'ossification

En cas de retard à l'ossification de la grande fontanelle (au-delà d'un an) donner à l'enfant :
CALCAREA CARBONICA 9 CH,

SILICEA 9 CH,
trois granules de chaque trois fois par jour, pendant un ou deux mois.

▶ Voir également **Rachitisme**.

Fortifiants

Qu'est-ce qu'un fortifiant ?

Pour de nombreux médecins le « fortifiant » est avant tout un médicament susceptible de répondre à la demande (à l'anxiété ?) des parents. L'enfant ne pousse pas exactement comme ils le souhaiteraient alors que l'examen médical et, éventuellement, les analyses de laboratoire sont négatifs. Théoriquement, il n'y a rien à prescrire.

Le fortifiant ne se justifie que pour les séquelles de maladie véritable (aiguë ou chronique).

La réponse de l'homéopathe

Le fortifiant n'existe pas en homéopathie : c'est le médicament de terrain, particulier à chaque enfant, qui sera le meilleur des fortifiants. Si on l'estime nécessaire, il faudra consulter.

Pour un cas passager on pourra cependant donner l'un des médicaments suivants à raison de trois granules trois fois par jour, jusqu'à amélioration de l'état général.

- Fatigue après excès d'effort physique, ou traumatisme, ARNICA 9 CH.
- Après surmenage intellectuel,
  PHOSPHORICUM ACIDUM 9 CH.
- Après une diarrhée ou des vomissements prolongés, CHINA RUBRA 9 CH.
- Pendant la convalescence d'une maladie infectieuse, PULSATILLA 9 CH.
- Pour des courbatures après le sport,
  RHUS TOXICODENDRON 9 CH.

Éviter de rendre l'enfant anxieux à propos de sa taille, de son poids, de son appétit : un enfant qui va bien n'a pas besoin de fortifiant.

Foulure

▶ Voir **Blessures** (entorse).

Fracture

▶ Voir **Blessures**.

Frilosité

Un symptôme anormal

Un enfant se plaint rarement de frilosité. S'il a toujours froid, c'est qu'il se défend mal contre les agressions extérieures. Il y a lieu de le montrer à un médecin homéopathe.

Froid (Coup de)

- Au moment du coup de froid,
  ACONITUM NAPELLUS 9 CH,
  trois granules toutes les heures jusqu'à amélioration.
- En cas de coups de froid à répétition :
  TUBERCULINUM 30 CH,
  une dose par semaine, durant tout l'hiver.

Si cela ne suffit pas, montrer l'enfant à un homéopathe qui donnera un traitement sélectionné en fonction de son terrain particulier.

Fugueur

▶ Voir **Comportement**.

Furoncle

▶ Voir **Abcès**.

g

Gale

▶ Voir **Parasites**.

Ganglions

Les ganglions ne sont pas des glandes

Ce sont de petits nodules situés aux principaux carrefours de la circulation de la lymphe. Ceux que l'on peut palper se trouvent principalement au niveau du cou, sous le menton, aux aisselles, aux aines.

Ils ont un rôle important dans le mécanisme de lutte contre l'infection et l'inflammation. Normalement imperceptibles, ils grossissent au cours des maladies infectieuses (du nez, de la gorge, des dents, etc.). Ils existent dans certaines maladies du sang graves, mais heureusement rares. (Il est donc préférable de consulter pour avoir un diagnostic précis.) En attendant on peut donner à l'enfant :

MERCURIUS SOLUBILIS
9 CH,
trois granules trois fois par jour.

Gargarismes

Se méfier des petits maux de gorge

Même les maux de gorge sans importance sont à prendre en considération. Ils peuvent être à l'origine de complications rhumatismales. Consulter un homéopathe au moindre doute.

Voici une formule efficace pour gargarismes (destinée à l'enfant en âge de comprendre la méthode) :

PHYTOLACCA T.M. ⎫ aa
CALENDULA T.M. ⎬ q.s.p.
⎭ 15 ml,
vingt-cinq gouttes dans un verre d'eau tiède bouillie, trois fois par jour.
Si l'enfant avale un peu de gargarisme, ce n'est pas dangereux. Consulter si l'on est

obligé d'employer trop souvent cette formule.

Gastro-entérite

Inflammation de l'estomac et de l'intestin

La gastro-entérite est une inflammation de l'estomac et de l'intestin d'origine infectieuse. L'enfant souffre, vomit, a de la diarrhée et de la température.

Chez le nourrisson, consulter d'emblée, à cause du risque de déshydratation (voir **Toxicose**).

Pour le grand enfant, on peut se reporter aux rubriques **Diarrhée**, **Vomissements**.

Gaucher

Ne le contrariez pas

C'est vers l'âge de deux ans que l'enfant commence à se servir plus souvent de l'une ou l'autre main : laissez-le choisir lui-même son côté préféré. Un enfant gaucher que l'on force à utiliser sa main droite pourra présenter des troubles psychologiques : lenteur, imprécision du mouvement, instabilité, tics, bégaiement.

Gaz

▶ Voir **Éructations**, **Flatulence**.

Gelure

▶ Voir **Blessures**.

Gencives

▶ Voir **Bouche**.

Genoux

Ses genoux sont déformés

Il marche les jambes en dehors (une au moins est déformée) : c'est le « genu valgum ». Ses jambes sont arquées : c'est le « genu varum ».

Dans les deux cas, se reporter aux rubriques **Jambes**, **Rachitisme**.

Ses genoux craquent

La plupart du temps ce n'est pas grave : juste un peu d'hyperlaxité ligamentaire. Donner :

CALCAREA FLUORICA
6 DH,
deux comprimés trois fois par jour, vingt jours par mois, pendant trois mois.

Exceptionnellement, il s'agira d'une malformation méniscale. Consulter s'il n'y a pas d'amélioration avec le traitement ci-dessus.

▶ Voir également **Blessures** (entorse).

Gingivite

▶ Voir **Bouche**.

Glandes

Elles produisent des sécrétions

Sécrétion interne

Les glandes à sécrétion interne, ou glandes endocrines, sont les organes qui fabriquent les hormones. Elles contrôlent la croissance, le développement génital et la mise en circulation des produits nécessaires à l'organisme. Elles ont pour nom : hypophyse, ovaires, pancréas, surrénales, thyroïde, testicules.

Sécrétion externe

Il existe aussi des glandes à sécrétion externe. Elles produisent salive, larmes, sueur, lait, etc.

Attention aux « idées reçues »

Deux erreurs que l'on commet parfois : appeler les ganglions (voir ce mot) « glandes » et considérer l'obésité (voir ce mot) comme due aux glandes.

Glue

Sécrétion de l'otite séreuse.

▶ Voir **Otite**.

Gluten (Intolérance au)

▶ Voir **Cœliaque** (maladie).

Goitre

▶ Voir **Thyroïde**.

Gorge

▶ Voir **Angine**, **Gargarisme**, **Phlegmon**, **Rhino-pharyngite**.

Gouttes nasales

De l'eau salée

Les gouttes nasales peuvent être dangereuses pour l'enfant. Celles qui ne le sont pas contiennent généralement du camphre, antidote des médicaments homéopathiques.

Pour ces deux raisons, et quel que soit l'âge de l'enfant, il ne faut utiliser en instillations nasales que du sérum physiologique qui est de l'eau salée à 9 p. 1000. Il nettoie les muqueuses et a quelques vertus antiseptiques. Une ampoule ne doit servir qu'un seul jour : faire bouillir le flacon et changer le liquide tous les matins.

Grain de beauté

▶ Voir **Nævus**.

Griffes du chat
(Maladie des)

Un gros ganglion

Cette maladie, dont le nom savant est lymphoréticulose bénigne d'inoculation, atteint plus souvent l'enfant que l'adulte. Elle survient dans 99 p. 100 des cas après une griffure de chat, mais peut être aussi provoquée par d'autres animaux (chien, cobaye, lapin) ou par une blessure par écharde ou épine. L'agent responsable semble être un virus.

Après une incubation d'une ou plusieurs semaines (trois en moyenne), apparaît un ganglion au coude ou à l'aisselle (si l'enfant a été blessé au bras) ou au cou (si c'est au visage). Ce ganglion est ferme et grossit progressivement ; il n'est pas douloureux. Il peut y avoir de la fièvre, une atteinte de l'état général (fatigue, manque d'appétit, amaigrissement).

Le diagnostic peut être confirmé par intra-dermo-réaction du pus d'un ganglion. Elle est positive après 48 heures d'évolution.

Le traitement

Un traitement homéopathique est possible. Donner à l'enfant (sous surveillance médicale) :
MERCURIUS SOLUBILIS 9 CH,
SILICEA 9 CH,
trois granules de chaque trois fois par jour, pendant trois semaines.

Les antibiotiques n'ont pas d'efficacité directe. Ils ont pour but d'éviter le passage à la suppuration du ganglion. Il s'agit d'une catégorie spéciale d'antibiotiques, les cyclines.

Grincements de dents

▶ Voir **Dents**.

Grippe

La vraie grippe

Le virus grippal donne une affection particulière caractérisée par une fièvre élevée avec frissons, des courbatures, une grande fatigue, des maux de tête. Malgré sa bénignité elle est parfois de diagnostic délicat.

Le simple rhume (voir ce mot) est différent bien que l'on confonde souvent les deux. Il est donc préférable de demander l'avis d'un homéopathe.

Traitement homéopathique

Les antibiotiques n'ont pas d'effet sur le virus grippal. Lorsqu'ils sont prescrits c'est en tant que « couverture » pour prévenir d'éventuelles complications microbiennes (la bronchite par exemple).

Un traitement homéopathique bien choisi aura le même effet, et cela sans les inconvénients des antibiotiques.

- Donner dès que possible : OSCILLOCOCCINUM 200, une dose.
- Trois heures plus tard : SULFUR 30 CH, une dose.
- Puis régulièrement jusqu'à guérison :

EUPATORIUM PERFOLIATUM 9 CH,
GELSEMIUM 9 CH,
RHUS TOXICODENDRON 9 CH,
trois granules de chaque trois fois par jour.

Prévention de la grippe

Donner d'octobre à avril :
INFLUENZINUM 30 CH,
trois granules une fois par semaine, quel que soit l'âge.

Grognon

▶ Voir **Comportement**.

Grossier

▶ Voir **Comportement**.

Guêpes

▶ Voir **Morsures et piqûres d'animaux**.

Guillain-Barré
(Polyradiculo-névrite de)

Fourmillements et troubles moteurs

Maladie des racines nerveuses, des ganglions rachidiens et des nerfs périphériques, qui se caractérise par des fourmillements, des douleurs, des troubles de la sensibilité, des paralysies. Elle débute aux membres inférieurs et remonte progressivement.

Il n'y a pas de traitement classique, en dehors de la kinésithérapie d'attente. La maladie finit par guérir si les centres nerveux respiratoires ne sont pas atteints.

L'origine de la maladie est inconnue. Elle serait de nature immunologique ou virale.

Traitement homéopathique

Il existe un traitement homéopathique qui hâtera la guérison et évitera les complications respiratoires. Il est préférable de consulter. Si cela est impossible, donner à l'enfant :

GELSEMIUM 9 CH,
trois granules trois fois par jour jusqu'à guérison.

h

Haleine (Mauvaise)

Dans les périodes où votre enfant a mauvaise haleine, donnez-lui :
MERCURIUS SOLUBILIS 9 CH,

trois granules trois fois par jour.

En cas de retour fréquent de ce symptôme, montrez-le à un médecin et à un dentiste (homéopathes) pour un bilan digestif et dentaire.

Hanche

Consulter au moindre doute

Une douleur de hanche qui persiste mérite une consultation. Il peut s'agir :
- d'un rhumatisme inflammatoire de la hanche, peu grave, que le médecin homéopathe traitera efficacement ;
- d'une malformation congénitale ou acquise, nécessitant des traitements orthopédiques ou chirurgicaux complexes : luxation congénitale de la hanche uni- ou bilatérale (dépistée le plus souvent par le pédiatre à la naissance), maladie de Legg-Calvé-Perthes (destruction de la tête du fémur) et pour lesquelles l'homéopathie ne peut être qu'un traitement complémentaire.

Handicapé

De moins en moins de handicapés

Grâce aux progrès de l'obstétrique et de la néo-natologie (médecine du nouveau-né), il y a beaucoup moins de handicapés qu'autrefois. Les médecins savent dépister les grossesses à haut risque (3 p. 100 des grossesses en France, qui pour la plupart se terminent bien) et les surveiller tout particulièrement. On voit apparaître des unités de néo-natologie intégrées dans les maternités, de telle sorte que si un enfant naît en état de détresse il est secouru instantanément.

Quelles sortes de handicaps voit-on encore ?

Certains handicaps moteurs qui relèvent de causes diverses : cérébrales, osseuses, musculaires, malformatives.

Une dose de :
ARNICA 12 CH,
deux fois par mois, très longtemps poursuivie,
en plus de l'avis des spécialistes concernés, aidera l'enfant handicapé à bien supporter les efforts qu'il doit accomplir pour agir.

Pour les autres handicaps, voir les rubriques correspondantes : **Retard mental**, **Trisomie 21**, **Surdité**.

L'attitude des parents

Traitez-le avec amour, bien sûr, mais sans en faire votre chose, sans le privilégier plus qu'il ne le faut par rapport à ses frères et sœurs. Protégez-le de la pitié inutile, armez-le pour la vie en fonction de ses possibilités.

Pour les maladies courantes, l'homéopathie l'aidera autant qu'elle aide les autres enfants.

Hébéphrénie

▶ Voir **Psychose**.

Hématome

▶ Voir **Blessures**.

Hémiplégie

Une origine congénitale

L'hémiplégie, ou paralysie d'une moitié du corps (droite ou gauche), est, chez l'enfant, d'origine congénitale. Il s'agit le plus souvent d'une lésion antérieure à la naissance et de cause inconnue. L'homéopathie aura peu d'effet puisqu'il s'agit d'une destruction de tissus nerveux du cerveau.

Lui donner cependant pour aider le côté atteint à conserver sa force restante :
CAUSTICUM 5 CH,
trois granules trois fois par jour, dix jours par mois, pendant plusieurs années.

Hémophilie

Dès que possible l'enfant doit prendre en charge sa maladie

L'hémophilie se définit comme un déficit héréditaire,

génétique (transmis par la mère à sa descendance masculine) en certains facteurs qui habituellement favorisent la coagulation du sang, les facteurs VIII et IX.

On la découvre généralement au moment où l'enfant commence à marcher : les plaies, même minimes, saignent plus longtemps que chez les autres enfants ; les saignements de nez sont prolongés et ne s'arrêtent jamais spontanément ; des bleus surviennent à la moindre chute ; les extractions dentaires se compliquent toujours d'hémorragies ; et, surtout, les articulations gonflent en cas de chute à cause d'épanchements sanguins.

Un bilan sanguin révèle le déficit en facteurs VIII ou IX et la vie courante de l'enfant et de sa famille va poser quelques problèmes.

Si l'on ne soigne pas énergiquement et à temps les épisodes hémorragiques, des complications sont possibles, en particulier au niveau des articulations qui resteront déformées. Le traitement consiste en réintroduction dans l'organisme du facteur antihémophilique manquant ou, éventuellement, en transfusions sanguines.

Les parents devront apprendre ces techniques, ce qui permettra une thérapeutique précoce en cas d'accident. Dès qu'il sera en âge de comprendre, l'enfant se prendra lui-même en charge.

On essaie, lorsque c'est possible, de le mettre dans le milieu scolaire habituel ; parfois il faudra le placer en internat spécialisé, au moins pour un temps.

Le phosphore

Il existe un médicament homéopathique, à base de phosphore, qui aidera à diminuer les accidents. Donner :

PHOSPHORUS 9 CH,
trois granules trois fois par jour, vingt jours par mois, pendant plusieurs années.

Ce traitement permettra d'avoir moins recours aux facteurs antihémophiliques, et de leur conserver toute leur efficacité en cas de nécessité.

Hémorragies

Un incident ou une maladie débutante ?

Un petit saignement sera le plus souvent un incident banal chez l'enfant, la conséquence d'une chute par exemple.

Pour un cas fortuit on pourra mettre en pratique les conseils qui suivent et n'avoir recours au médecin que si l'hémorragie se prolonge ou se répète.

Donner trois granules toutes les cinq minutes, toutes les heures ou trois fois par jour, selon la localisation et l'importance. Espacer selon l'amélioration.

● Anus :
PHOSPHORUS 5 CH,
COLLINSONIA 5 CH,
en alternance.

Il peut s'agir d'une simple ulcération par le thermomètre, d'hémorroïdes, d'un polype bénin, d'une entérocolite.

● Estomac :
IPECA 5 CH.

Il s'agit de vomissement de sang. Consulter même si le médicament réussit.

● Nez (épistaxis) :
CHINA RUBRA 5 CH,
MILLEFOLIUM 5 CH,
trois granules de chaque en alternance,
en ajoutant selon la cause :
ARNICA 9 CH, en cas de coup sur le nez ;
BELLADONA 9 CH, en cas d'hémorragie nasale pendant le mal de tête ;
FERRUM PHOSPHORICUM 9 CH, si c'est pendant la fièvre.

Mettre l'enfant assis, la tête penchée en arrière. Introduire dans la narine qui saigne un coton spécial antihémorragique (à demander en pharmacie) et le laisser en place 24 heures.

● Poumons (hémorragie en toussant) :
IPECA 5 CH.
Consulter de toute façon.

● Urines :
CANTHARIS 5 CH.

● Vagin : penser au corps étranger du vagin. Voir également la rubrique **Puberté**, pour les hémorragies menstruelles.

▶ Voir aussi **Hémophilie**.

Hémorroïdes

▶ Voir **Anus**.

Hépatique (Enfant)

▶ Voir **Foie**.

Hépatite virale

▶ Voir **Ictère**.

Hernie

Hernie hiatale

Vomissements et hémorragies digestives sont les symptômes qui pousseront le médecin à demander des radiographies ; celles-ci montreront qu'une partie de l'estomac est située sur le versant thoracique du diaphragme. Donner :

ARGENTUM NITRICUM 9 CH,

trois granules trois fois par jour, vingt jours par mois, pendant quelques mois.

Hernie ombilicale

La hernie qui s'extériorise au niveau de l'ombilic n'est pas dangereuse. On peut attendre quelques années avant de faire opérer l'enfant car beaucoup de cas guérissent spontanément. Pratiquer dans l'intervalle la contention de la hernie avec un sparadrap hypoallergique (à mettre en place après avoir fait rentrer la hernie et rapprocher les deux bords de l'orifice en les pinçant) et donner :

NUX VOMICA 9 CH,

trois granules trois fois par jour, vingt jours par mois jusqu'à guérison ou opération.

Hernie inguinale

C'est la hernie la plus fréquente. S'il n'y a pas de complication on peut, chez le nourrisson, attendre l'âge de six mois ; cela donne une chance de guérison spontanée.

En attendant donner :

NUX VOMICA 9 CH,

trois granules trois fois par jour, vingt jours par mois.

Si la hernie s'étrangle (douleurs, cris, vomissements, arrêt des matières et des gaz) l'urgence est absolue. Pendant le transport dans un service de chirurgie donner à l'enfant une dose de :

OPIUM 30 CH.

Chez le grand enfant l'opération est indispensable. Pendant les trois mois qui suivent l'opération donner :

NUX VOMICA 9 CH,

trois granules trois fois par jour, vingt jours par mois.

Herpangine

Des vésicules sur la gorge

L'herpangine atteint les enfants de moins de trois ans, volontiers par petites épidémies de collectivité, en été ou en automne. Elle est due à un virus (le plus souvent du type coxsackie).

Après une incubation courte (trois à cinq jours) surviennent une fièvre brutale à 39° ou 40 °C (mais la maladie n'est pas grave), des maux de tête, des douleurs musculaires assez fortes, des maux de ventre, parfois une gastro-entérite.

La gorge est très douloureuse. Le médecin y découvre, sur un fond rouge, une dizaine environ de petites vésicules de 1 à 2 cm de diamètre, entourées d'une aréole rouge foncé. En 48 heures, elles s'ouvrent et cèdent la place à des ulcérations qui cicatrisent après cinq ou six jours. Il n'y a pas de ganglion (voir ce mot).

Malgré le nom donné à cette maladie, il ne s'agit pas d'herpès. L'herpangine est différente de la stomatite herpétique, dont les lésions sont localisées à la bouche et plus nombreuses, sans atteinte de la gorge. Cela n'a rien à voir non plus avec les aphtes.

Vu la nécessité d'un diagnostic précis, il est préférable de consulter. En cas d'impossibilité, donner à l'enfant :

RHUS TOXICODENDRON 9 CH,

ARSENICUM ALBUM 9 CH, trois granules de chaque trois fois par jour pendant huit jours.

Herpès

Un virus très commun

La contamination par le virus herpétique est très fréquente et commence dès l'enfance. On estime que 90 p. 100 des individus de tous âges sont porteurs du virus, même s'ils n'ont pas de symptômes.

Deux formes particulières d'herpès méritent une mention spéciale :
- *la localisation à la bouche,* ou stomatite herpétique, qui représente souvent la première atteinte de l'enfant ; elle survient entre un et trois ans ; toute la muqueuse de la bouche (y compris les gencives) est rouge et tuméfiée ; on y reconnaît les petites vésicules caractéristiques de l'herpès ; il y a des ganglions sous la mâchoire inférieure et une salivation abondante ;
- *la localisation sur l'œil* qui nécessite une surveillance étroite de l'ophtalmologiste (tout en faisant le traitement préconisé ci-dessous), afin d'éviter les cicatrices sur la cornée.

La crise habituelle

La crise la plus fréquente correspond à la sortie d'une petite vésicule (parfois plusieurs), pleine de liquide, douloureuse, au coin de la lèvre (qu'on appelle aussi bouton de fièvre), ou sur une fesse, ou aux parties génitales, avec généralement un ganglion satellite.

Chez l'enfant et chez l'adulte

le traitement est identique. Quelles que soient la forme ou la localisation, donner :

RHUS TOXICODENDRON 9 CH,

MERCURIUS SOLUBILIS 9 CH,

trois granules trois fois par jour, jusqu'à guérison.

Localement

Appliquer une ou deux gouttes de CALENDULA T.M. trois fois par jour (sauf dans l'œil).

En cas de crises à répétition, consulter un homéopathe qui donnera un traitement de fond.

Hirschprung (Maladie de)

▶ Voir **Mégacôlon**.

Hodgkin (Maladie de)

Désormais curable

Maladie grave du sang (avec ganglions importants, grosse rate, fièvre, atteinte de l'état général, sueurs) mais désormais curable par la médecine chimique. Elle ne se voit jamais avant l'âge de deux ans.

De façon complémentaire, il est recommandé de consulter un médecin homéopathe qui donnera un traitement de terrain. MERCURIUS SOLUBILIS est souvent indiqué.

Hôpital

La régression

L'hôpital, avec ses médecins spécialistes et ses appareils de plus en plus sophistiqués, reste le lieu où l'on conduit un enfant dans un état sérieux. La surveillance y est permanente et la compétence inégalée.

Il y a cependant un risque de régression intellectuelle et affective chez l'enfant en bas âge.

L'hôpital de jour

C'est pourquoi certains services de pointe ont institué un *hôpital de jour* où l'enfant peut être admis pour un bilan (biologique ou psychomoteur par exemple). On le rend à ses parents le soir même en attendant les résultats.

Les chambres « mère-enfant »

Dans certains services de pédiatrie la mère peut être admise nuit et jour dans la chambre de son enfant. Bien sûr, elle ne doit pas, à cause de son inquiétude, entraver la bonne marche des soins.

L'homéopathie à l'hôpital

Il n'existe pas d'hôpital où les malades alités peuvent recevoir des médicaments homéopathiques. En principe l'hospitalisation va de pair avec une maladie lésionnelle où l'allopathie a plus de chance d'être indiquée que l'homéopathie.

L'homéopathie à l'hôpital se pratique en général sous forme de consultation externe.

Hoquet

Le hoquet après la tétée

Le hoquet correspond à la contraction spasmodique du diaphragme. Chez le nourrisson, il s'agit d'un réflexe dû à la distension de l'estomac après la tétée lorsqu'il a ingurgité de l'air en même temps que le lait. Lui donner au moment du hoquet :
CUPRUM METALLICUM
9 CH,
trois granules que l'on peut éventuellement écraser au rouleau à pâtisserie.

En même temps essayer de lui faire émettre le rot libérateur.

Chez le grand enfant

En cas de hoquet persistant, donner :
CUPRUM METALLICUM
9 CH,

HYOSCYAMUS NIGER
9 CH,
trois granules de chaque toutes les deux minutes, en alternant.

Hydrocèle

▶ Voir **Testicules**.

Hydrocéphalie

L'enfant à grosse tête

Si la circulation du liquide (le liquide céphalo-rachidien) qui se trouve à l'intérieur du cerveau et autour de la moelle épinière ne circule pas librement, ou est produit en excès, il y a « de l'eau dans la tête », ou médicalement parlant hydrocéphalie.

Une malformation congénitale, une tumeur (rare), une infection (séquelle de méningite ou de toxoplasmose), un traumatisme crânien peuvent en être responsables.

La tête augmente de volume, la fontanelle est gonflée, des veines apparaissent sur le crâne. L'iris s'abaisse vers le bas de l'œil, en « coucher de soleil ». Le nourrisson ne prend pas de poids.

Souvent une opération est nécessaire pour mettre en place une valve qui permettra la libre circulation du liquide.

L'homéopathie interviendra à titre complémentaire.

CALCAREA CARBONICA ou SILICEA sont les médicaments auxquels le médecin aura recours le plus souvent.

Hygiène

Les conseils d'hygiène que peut donner un médecin homéopathe sont les mêmes que ceux des autres médecins.

Le bain

Le bain du nourrisson doit être quotidien, si nécessaire avoir lieu plusieurs fois par jour. Il sera donné dans une pièce normalement chauffée. On n'utilisera pas les produits moussants qui représentent un gadget inutile et sont trop décapants.

En général, l'enfant aime le bain. Pour lui c'est un moment agréable. Si par hasard il refusait, lui donner :

ANTIMONIUM CRUDUM
9 CH,
trois granules une demi-heure avant l'heure prévue.

Après le bain, les soins de peau se feront avec une crème hydratante appliquée sur les endroits irrités.

Le chauffage

Le chauffage doit être mo-déré. Un excès peut entraîner un état de déshydratation du nourrisson (voir **Toxicose**).

L'hiver, un humidificateur sera installé dans sa chambre.

L'habillement

Pour les mêmes raisons l'habillement ne doit pas être excessif, spécialement l'été, afin d'éviter la perte liquidienne due à la moiteur de la peau.

Hyperactif

▶ Voir **Comportement**.

Hypertension artérielle

Certains cas sont réversibles

L'hypertension artérielle est très rare chez l'enfant. Voici les chiffres normaux en fonction de l'âge, chiffres représentant une moyenne sujette à variations individuelles :
– de la naissance à 6 ans : 6/3 ou 7/4 ;
– vers 7 ans : 8/5 ;
– vers 10 ans : 10/6 ;
– à partir de 12 ans : 12/7.

L'hypertension artérielle de l'enfant peut provenir d'une maladie organique (d'origine rénale ou glandulaire), d'une malformation cardio-vasculaire. Il existe aussi des hypertensions par facteur héréditaire (parents hypertendus), abus de sel, sédentarité.

Un régime peu salé, l'exercice physique, la correction chirurgicale des malformations sont les premières mesures à envisager.

Les médicaments de médecine classique auront la primauté dans les formes sévères. De toute manière on peut ajouter au traitement :

CRATAEGUS 6 DH ⎫ aa
GLONOÏNUM 6 DH ⎬ q.s.p.
PASSIFLORA 6 DH ⎭ 1 tube
trois granules trois fois par jour, vingt jours par mois, pendant le temps nécessaire.

Certains cas d'hypertension sont réversibles : un enfant hypertendu ne deviendra pas obligatoirement un adulte hypertendu.

Hyperthyroïdie

▶ Voir **Thyroïde**.

Hypospadias

▶ Voir **Malformations**, **Verge**.

Hypothermie

Une température anormalement basse

La température d'un enfant se situe entre 35°5 et 37°5 C. Au-dessous on parle d'hypothermie, ce qui signifie simplement que la température est au-dessous de la normale.

L'enfant est plus ou moins conscient, son cœur et sa respiration sont ralentis, il a des frissons. Il y a de toute évidence nécessité d'un avis médical, quoique parfois il s'agisse seulement d'un signe annonciateur d'hyperthermie, ou fièvre.

En attendant le médecin ou pendant le transport dans un service de pédiatrie, glisser dans la bouche de l'enfant (quel que soit son âge) :

CARBO VEGETABILIS
5 CH,
trois granules de cinq en cinq minutes jusqu'à amélioration.

Hypotrophie

▶ Voir **Maigreur**.

i - j

Ictère

Les carottes
ou la jaunisse ?

L'ictère, ou jaunisse, est la coloration jaune des téguments (peau et muqueuses) par augmentation anormale du taux de bilirubine (un dérivé de l'hémoglobine, qui est le pigment des globules rouges) dans le sang. La bilirubine en excès passe également dans les urines qui prennent alors une couleur foncée.

Il ne faut pas prendre pour une jaunisse la teinte jaune orangé que prend la peau du nourrisson lorsque les carottes sont très abondantes dans son alimentation.

Chez le nouveau-né
les causes sont variables

On distingue :
- *Les ictères précoces* (premier ou deuxième jour), toujours assez sérieux, et qui peuvent être dus : à la prématurité ; à une infection virale ou bactérienne, à une septicémie ; à la destruction anormale des globules rouges, habituellement par incompatibilité sanguine entre la mère et l'enfant (mais actuellement on sait prévenir ce genre d'éventualité).
- *Les ictères tardifs* (du troisième au sixième jour) considérés comme physiologiques, c'est-à-dire naturels et peu graves ; ce sont les plus fréquents ; ils correspondent au renouvellement du stock de globules rouges du nouveau-né ; vers le dixième jour tout est rentré dans l'ordre sans traitement ; c'est le seul ictère du nouveau-né pour lequel on prendra soi-même l'initiative d'utiliser l'homéopathie :
CHINA 12 CH,
une dose de poudre, en une fois, à ne pas renouveler, ce qui hâtera le retour à la normale.
- *Les ictères de la deuxième semaine* peuvent correspondre : à un déficit en certains enzymes ; à une malformation des voies bi-

liaires ; à une infection virale ou bactérienne.

De toute manière un avis médical s'impose.

Chez le grand enfant : avant tout l'hépatite virale

Le diagnostic le plus fréquent chez le grand enfant est celui d'hépatite virale, ou infection du foie par un virus (généralement du type A, c'est-à-dire par contamination).

Les principaux symptômes en sont : fièvre modérée, perte de l'appétit, nausées, coloration jaune de la peau et des conjonctives (l'œil est jaune), urines foncées. Le médecin demande des examens et constate une augmentation de la bilirubine et des transaminases ; les tests hépatiques sont perturbés.

L'homéopathie est d'autant plus indiquée qu'il n'y a pas de traitement classique de cette maladie (en dehors du repos et du régime sans graisse). Le mieux est de consulter pour avoir une surveillance efficace et un traitement adapté au cas particulier. Si, pour une raison ou une autre, cela est impossible, donner à l'enfant :
CHELIDONIUM MAJUS 9 CH,
PHOSPHORUS 7 CH,
PHOSPHORUS 15 CH,
trois granules de chaque trois

fois par jour, jusqu'à retour à la normale du teint et des examens de laboratoire.

Correctement traitée par l'homéopathie, l'hépatite virale est bénigne et guérit sans séquelles.

Imaginatif

▶ Voir **Comportement**.

Impétigo

Une maladie auto-inoculable

Il s'agit de lésions cutanées microbiennes, dues au streptocoque (deux tiers des cas) ou au staphylocoque, sous forme de petites bulles claires puis jaunes (donc purulentes). Elles deviennent ensuite croûteuses. La localisation autour de la bouche est fréquente.

L'impétigo est très contagieux d'un enfant à l'autre ; l'enfant atteint peut également propager les lésions sur lui-même par grattage. Il faut donc prendre des précautions : éloigner les bébés, se méfier des objets de toilette et des vêtements souillés, tenir les mains constamment propres. Donner :
GRAPHITES 9 CH,
MEZEREUM 9 CH,
trois granules de chaque trois fois par jour jusqu'à guérison.

Localement

Pommade au CALENDULA une ou deux fois par jour, après avoir enlevé délicatement à la pince désinfectée les croûtes qui veulent bien venir, sans faire saigner.

Impulsif

▶ Voir **Comportement**.

Inadapté

▶ Voir **Retard** (mental).

Inconscience

▶ Voir **Syncope**.

Incontinence

▶ Voir **Énurésie** (incontinence d'urine), **Encoprésie** (incontinence des matières).

Indigestes
(Mange des choses)

▶ Voir **Pica**.

Indigestion

▶ Voir **Digestion difficile**.

Infection cutanée

Diverses infections peuvent se voir au niveau de la peau d'un nourrisson ou d'un enfant. Voir les rubriques : **Abcès**, **Acné**, **Anthrax**, **Bulles**, **Dartres**, **Dermite du nourrisson**, **Érysipèle**, **Érythème fessier**, **Folliculite**, **Impétigo**, **Intertrigo**, **Leiner-Moussous**, **Panaris**, **Perlèche**, **Sudamina**.

Infection urinaire

▶ Voir **Urinaire**.

Insectes

▶ Voir **Morsures et piqûres d'animaux**.

Insolation

▶ Voir **Soleil**.

Insomnie

▶ Voir **Sommeil**.

Instabilité psycho-motrice

▶ Voir **Comportement** (hyperactif).

Intertrigo

La dermite des plis

L'intertrigo est une inflammation de la peau due à la

présence de microbes (streptocoque, staphylocoque) dans les plis de la peau : derrière les oreilles, au pli du cou, sous les aisselles, au coude, dans les aines, au creux du genou, entre les orteils. D'où son autre nom de dermite des plis.

La sudation, le frottement, la macération dans l'urine jouent un rôle. D'où la prévention logique : baigner et changer souvent le nourrisson.

Lorsqu'on inspecte les plis on voit une rougeur. Il n'y a pas de vésicules. Donner à l'enfant :

GRAPHITES 9 CH,
HEPAR SULFURIS
CALCAREUM 9 CH,
trois granules de chaque trois fois par jour, jusqu'à guérison.

Localement

Appliquer deux fois par jour de la crème au CALENDULA.

Intervention chirurgicale

Pour préparer l'intervention

Sauf urgence, on préparera l'enfant avant l'intervention non seulement par des soins affectifs, mais aussi à l'aide de médicaments homéopathiques :

GELSEMIUM 12 CH,

ARNICA 12 CH,
NUX VOMICA 12 CH,
une dose par jour en changeant tous les jours de médicament ; commencer huit jours avant la date de l'opération et poursuivre pendant les huit jours qui suivent.

Votre enfant deviendra ainsi « le plus beau cas du service », celui qui se remettra le plus rapidement en forme.

En cas de complications

Les complications n'auront lieu éventuellement que si on n'a pas fait le traitement ci-dessus.

Donner trois granules trois fois par jour jusqu'à guérison de l'un des médicaments qui suivent.

- Nausées post-opératoires,
  BISMUTHUM 9 CH.
- Vomissements post-opératoires,
  PHOSPHORUS 9 CH.
- Rétention d'urines,
  CAUSTICUM 9 CH.
- Ballonnement du ventre,
  RAPHANUS SATIVUS
  9 CH.
- Douleurs abdominales,
  STAPHYSAGRIA 9 CH.
- Si la cicatrisation est lente à se faire,
  STAPHYSAGRIA 9 CH.

Intestins

▶ Voir **Ballonnement abdominal**, **Constipation**, **Diarrhée**, **Flatulence**, **Occlusion**.

Intoxications

Intoxication alimentaire

Si l'état général est atteint, il vaut mieux consulter. Sinon donner à l'enfant :
ARSENICUM ALBUM 9 CH,
PYROGENIUM 9 CH,
trois granules de chaque trois fois par jour jusqu'au retour à la normale.

Intoxication par l'oxyde de carbone

Appeler le SAMU. Pendant le transport à l'hôpital glisser dans la bouche de l'enfant :
CARBO VEGETALIS 5 CH,
trois granules.

Intoxication par un produit ménager ou un médicament

▶ Voir **Empoisonnement**.

Intradermo-réaction

▶ Voir **Tuberculino-réaction**.

Invagination intestinale

▶ Voir **Occlusion intestinale**.

Irritabilité

▶ Voir **Comportement**.

Jaloux

▶ Voir **Comportement**.

Jambes

Les jambes en « X »

Un enfant marche avec les jambes en dehors (ou au moins une). Médicalement, c'est le *genu valgum*. Les genoux se rapprochent. On dirait que les deux membres inférieurs forment un X. Si cela se produit entre dix-huit mois et trois ans, il y a toute chance que l'on assiste à une régression spontanée autour de quatre à cinq ans.

Lorsqu'on met les deux genoux l'un contre l'autre, un écartement de 5 cm au niveau des chevilles n'est pas inquiétant. Au-delà : consulter ; il faudra peut-être une chaussure orthopédique ou une solution chirurgicale. Cette déformation est due à la croissance à vitesse inégale des deux côtés de l'extrémité inférieure du fémur (l'os de la cuisse).

Les jambes entre parenthèses

Un enfant marche, au contraire, avec les jambes arquées, comme des parenthèses. C'est le *genu varum*, problème de laxité ligamentaire. Cela est normal du début de la marche jusqu'à l'âge de deux ans, et disparaîtra spontanément dans la plupart des cas. Au-delà : consulter.

La réponse homéopathique

Dans ces deux types de déformation, on peut donner à l'enfant :
CALCAREA
PHOSPHORICA 12 CH,
une dose par semaine jusqu'à amélioration.

Jaunisse

▶ Voir **Ictère**.

Jeux, jouets

L'enfant est créatif

Le jeu fait partie des moyens utilisés spontanément par l'enfant pour s'éduquer : le corps, l'intelligence, les sentiments se forment ou se perfectionnent.

Il fabrique des objets avec des éléments simples. Pour employer un terme actuel, il devient « créatif ». Il développe ainsi son imagination, sa réflexion. Il apprend également à devenir sociable.

Si un enfant est en retard dans l'acquisition du jeu, s'il en est resté à des jeux correspondant à un âge inférieur à celui qu'il a, lui donner :
BARYTA CARBONICA
12 CH,
une dose par semaine pendant quelques mois.

L'objet « relais »

L'enfant a souvent un morceau de chiffon, un « nounours » ou autre objet avec lequel il va se coucher. C'est un besoin affectif, une manière d'avoir une présence qui veille sur lui la nuit, peut-être le symbole de ses parents. Il ne faut, bien sûr, jamais le lui enlever. Le moment venu, il l'abandonnera de lui-même.

Joues

Ses joues sont rouges pendant la poussée dentaire

Donner :
CHAMOMILLA 9 CH,
trois granules trois fois par jour, jusqu'à disparition.

▶ Voir aussi **Dartres**.

k - l

Kleptomane

▶ Voir **Comportement**.

Lait

▶ Voir **Alimentation** (allaitement, intolérance au lait), **Seins** (lait dans les seins du nouveau-né), **Puberté** (lait dans les seins à la puberté).

Langage

Le retard du langage

Diverses causes (rares) peuvent gêner l'évolution normale du langage (voir encadré) : des troubles de l'audition, du système nerveux central, des malformations du voile du palais, des perturbations psycho-affectives. Il peut s'agir, et c'est souvent le cas, d'un simple retard. C'est dire qu'un examen complet par un pédiatre, au besoin un oto-rhino-laryngologiste ou un neurologue, s'impose en cas de retard du langage.

Évolution du langage chez l'enfant

Vers quatre mois, le babil (surtout en présence de la mère).

Vers douze ou treize mois : les premiers mots (les tant attendus « Papa », « Maman »).

Vers dix-huit mois, son vocabulaire s'enrichit, il possède de six à dix mots.

Vers deux ans apparaissent les premières phrases à structure simple.

Vers trente mois, il est capable de dire « je ».

Vers trois ans, les phrases sont grammaticalement correctes.

Vers quatre ans, il parle pour tester les mots, pour voir la réaction des adultes.

A six ans, il parle couramment.

En fonction du résultat de l'examen, il faudra peut-être un traitement classique, une opération, des séances chez l'orthophoniste. On demandera en outre les conseils d'un homéopathe qui prescrira un traitement efficace dans les cas non lésionnels.

En cas de simple retard du langage, on peut donner :

NATRUM MURIATICUM 9 CH,

trois granules par jour, vingt jours par mois, pendant trois mois.

Le bégaiement

Il faut savoir qu'il existe un bégaiement « physiologique », fréquent vers l'âge de trois ou quatre ans : l'enfant s'exerce à parler et n'y arrive pas encore très bien. Les parents, les enseignants, l'entourage, tout le monde doit faire comme si de rien n'était. Il ne faut pas corriger le mot sur lequel l'enfant achoppe, ne rien mentionner à ce sujet. Cela passera tout seul.

Chez l'enfant plus grand, le bégaiement correspond à deux types de troubles : répétition d'une syllabe ou blocage sur un son. Le bégaiement est plus fréquent chez le garçon. Il se manifeste sous le coup d'une émotion. Il faut demander au médecin un traitement pour l'état nerveux et la timidité. La rééducation orthophonique a peu de chance de succès car l'enfant n'est pas lui-même demandeur et participe peu au traitement (même remarque pour la psychothérapie).

Ne jamais « reprendre » un enfant qui bégaie. Se contenter d'avoir un comportement prouvant qu'on l'a compris.

Sur le plan homéopathique, il est préférable de consulter. Si l'on ne peut pas dans l'immédiat, commencer à donner :

STRAMONIUM 9 CH,

trois granules trois fois par jour.

La blésité

Les remarques générales sont les mêmes que pour le bégaiement. Laissez l'enfant dire « ze » pour « je ». N'intervenez jamais. Consultez si le trouble persiste. En attendant, donner :

NUX VOMICA 9 CH,

trois granules trois fois par jour.

La mutité

La mutité est une absence de langage d'origine cérébrale. Elle peut être le fait d'une névrose ou d'une psychose (voir ces mots), ou d'une surdité de naissance. Il n'y a pas de traitement homéopathique spécifique.

Langue

Langue chargée

Il a trop mangé. Sa langue est recouverte d'un enduit blanchâtre. Il ne s'agit ni de la peau du lait, chez le nourrisson qui vient de téter, ni de muguet (voir **Bouche**). Dans ce cas, donner :

ANTIMONIUM CRUDUM 9 CH,
trois granules trois fois par jour jusqu'à amélioration.

Langue « en carte de géographie »

Il y a sur sa langue des plaques rouges à contours irréguliers, entourées d'une collerette blanchâtre, avec des îlots d'aspect normal. Il s'agit d'une inflammation banale d'origine digestive. Donner :

TARAXACUM
OFFICINALE 9 CH,
trois granules trois fois par jour, vingt jours par mois, pendant quelques mois.

Larmoiement

▶ Voir **Yeux**.

Laryngite

Avis médical obligatoire

Chez l'enfant la laryngite mérite systématiquement un avis médical. En effet, son larynx est étroit et l'inflammation vient encore le rétrécir. On a alors des symptômes impressionnants : toux rauque, aboyante, gêne à la respiration, enrouement ou aphonie.

Quelquefois, il y a urgence et l'enfant doit recevoir un traitement médical classique. Il s'agit d'un œdème (enflure) du larynx d'origine infectieuse (laryngite sus ou sous-glottique) ou du croup (rarissime actuellement avec la généralisation du vaccin).

Le faux croup

Il s'agit d'une laryngite virale simple, peu grave malgré un tableau impressionnant. Appelé également laryngite striduleuse, le faux croup survient la nuit, en plein sommeil de l'enfant, en général dans les suites d'un rhume. Il faut à tout prix consulter pour que le diagnostic soit confirmé.

En attendant le médecin, rien n'empêche de commencer un traitement homéopathique. Donner :

ACONIT 5 CH,
PHOSPHORUS 5 CH,
SPONGIA TOSTA 5 CH,
trois granules toutes les deux minutes, en changeant de médicament chaque fois.

Si les dilutions dont on dispose ne sont pas celles indiquées, ou si l'on ne trouve dans la trousse familiale qu'un ou deux des médicaments ci-dessus, donner ce que l'on possède.

Laryngite à rechute

En cas de laryngite à rechute, consulter un médecin homéopathe pour un traitement de terrain. Placer un humidificateur dans la chambre, surtout l'hiver.

Lavement

▶ Voir **Constipation**.

Laxatifs

▶ Voir **Constipation**.

Legg-Calvé-Perthes
(Maladie de)

▶ Voir **Hanche**.

Leiner-Moussous
(Maladie de)

Différente de l'eczéma

Il s'agit d'une maladie qui peut survenir chez le nourrisson dans les six premiers mois de sa vie. Elle est caractérisée par une rougeur intense de la peau qui débute au périnée pour s'étendre ensuite au reste du corps, spécialement les fesses, le tronc, les aisselles, le cou, les sourcils, les plis derrière les oreilles, le cuir chevelu. Bientôt apparaissent des croûtes qui desquament.

Fait caractéristique, il n'y a pas de démangeaison, ce qui permet d'éliminer l'eczéma et de savoir qu'il y aura guérison sans séquelles.

Le tableau peut paraître impressionnant alors qu'il s'agit d'une maladie infectieuse bénigne. Donner à l'enfant :
HEPAR SULFURIS CALCAREUM 9 CH,
MEZEREUM 9 CH,
MEDORRHINUM 9 CH,
trois granules trois fois par jour jusqu'à guérison.

Localement

Faire la toilette avec du savon au CALENDULA, puis appliquer un peu de crème au CALENDULA.

Lent

▶ Voir **Comportement**.

Leucémie

Une maladie en passe d'être vaincue

La leucémie, qui se caractérise par une production anormalement élevée de globules blancs immatures, n'est plus incurable. Actuellement 60 p. 100 des petits malades survivent grâce à la médecine chimique, et peuvent être considérés comme guéris.

La pâleur anémique, la fatigue, les ganglions, la fièvre, les hémorragies, les bleus spontanés sont les principaux symptômes de la leucémie aiguë de l'enfant.

Il n'y a pas de traitement homéopathique de la leucémie. Au sortir du traitement classique on montrera l'enfant à un médecin homéopathe pour un traitement de fond et la prévention des maladies infectieuses, fréquentes dans ce genre de cas.

Leucorrhées

▶ Voir **Pertes blanches**.

Lèvres

Les lèvres sont enflées

Il s'agit en général d'un œdème de Quincke, manifestation allergique qui s'accompagne d'une enflure du visage. Donner trois granules trois fois par jour pendant trois ou quatre jours de :
● Si l'enfant n'a pas soif, APIS 9 CH.
● Si l'enfant a très soif, BELLADONA 9 CH.

Les lèvres sont fendues

Si l'enfant présente en hiver une fente verticale au milieu d'une lèvre, lui donner :
NATRUM MURIATICUM 9 CH,
trois granules trois fois par jour, vingt jours par mois, pendant toute la période de froid.

Les lèvres sont sèches

Donner trois granules trois fois par jour jusqu'à amélioration :
● Dans les cas les plus courants, BRYONIA 9 CH,
● Si l'enfant a tendance à arracher les peaux, ARUM TRIPHYLLUM 9 CH.

▶ Voir également **Herpès**.

Levure

▶ Voir **Bouche** (muguet).

Lipothymie

▶ Voir **Syncope**.

Listériose

Plus dangereuse pour l'enfant que pour la mère

Maladie infectieuse due à un microbe, le *Listeria mono-*

cytogenes, peu dangereux pour l'adulte, et dont les effets passent le plus souvent inaperçus. Mais si une femme enceinte en est porteuse, le *Listeria* franchit la barrière placentaire et contamine le fœtus. Il y aura avortement spontané, mort du fœtus, ou naissance d'un enfant sévèrement atteint (méningite, septicémie).

Le traitement idéal est préventif : il s'adresse à la mère au moment où elle est contaminée. Toute fièvre, chez une femme enceinte, en fin de grossesse, doit être signalée au médecin et traitée énergiquement par les antibiotiques.

Lithiase

▶ Voir **Calculs**.

Lordose

▶ Voir **Colonne vertébrale**.

Loucherie

▶ Voir **Strabisme**.

Loupes

▶ Voir **Chevelu** (cuir).

Luxation congénitale de la hanche

▶ Voir **Hanche**.

Lymphangite

De grandes traînées rouges

A partir d'une plaie on peut voir de grandes traînées rouges remonter le long d'un membre. Il y a un ganglion satellite à l'aisselle ou à l'aine : c'est la lymphangite.

Il vaut mieux consulter. En cas d'impossibilité, donner :
ANTHRACINUM 9 CH,
BUFO 9 CH,
trois granules de chaque trois fois par jour, jusqu'à guérison.

m

Maigreur

L'amaigrissement

L'amaigrissement est la perte d'une partie du poids habituel. En aucun cas cela ne saurait être normal. A partir de moins de 100 grammes chez le nourrisson et moins de 500 grammes chez le grand enfant, il faut consulter. L'enfant doit être pesé nu, sur la même balance et toujours dans les mêmes conditions (par exemple le matin au réveil).

On ne voit plus de nos jours, dans les pays à bon niveau économique, les états de dénutrition avancée qu'on appelait athrepsie et qui répondaient au médicament homéopathique ABROTANUM. Les parents consultent toujours avant cet état.

La maigreur

La maigreur ou hypotrophie est différente. Il s'agit d'un état permanent.

Chez le nourrisson elle est souvent le signe d'une maladie traînante ou chronique : infection des oreilles, des voies urinaires, diarrhée chronique, malformation. Il peut s'agir également d'une erreur alimentaire ou de carence affective.

Chez le grand enfant, des causes pathologiques peuvent exister également, mais elles sont le plus souvent absentes. Il s'agit d'un enfant constitutionnellement maigre mais en bonne santé. Ce sera le résultat d'un manque d'appétit (voir ce mot) ou d'une forme d'opposition. Il faut accepter cet état, car l'anxiété des parents ne fera que fixer le comportement. Il n'y a pas de traitement spécifique à recommander ici. On consultera avec profit un homéopathe pour un traitement de terrain (physique et psychologique). Parmi les médicaments les plus fréquemment indiqués : CALCAREA PHOSPHORICA, LYCOPODIUM, NATRUM MURIATICUM, SILICEA.

Toujours avoir à l'esprit qu'un enfant maigre et qui se

porte bien est un enfant normal.

Maladroit

▶ Voir **Comportement**.

Malaise

▶ Voir **Syncope**.

Mal de Pott

Tuberculose de la colonne vertébrale

Maladie très rare de nos jours, correspondant à un abcès tuberculeux en un point quelconque de la colonne vertébrale. Le traitement est allopathique. On peut adjoindre un traitement homéopathique pour éviter les séquelles. Le médecin homéopathe donnera le plus souvent : SILICEA, TUBERCULINUM.

Mal de tête

▶ Voir **Tête**.

Mal des transports

▶ Voir **Transports**.

Mal de ventre

▶ Voir **Ventre**.

Malformation

Traitement chirurgical avant tout

En cas de : fente labio-palatine (ancien nom à proscrire : bec-de-lièvre), malformation du cœur (voir ce mot), hypospadias (abouchement de l'urètre à un autre endroit que l'emplacement normal), malformation des doigts, pied déformé (voir ce mot), problème de colonne vertébrale (spina bifida), l'intervention chirurgicale est nécessaire.

Consulter un spécialiste. L'homéopathie interviendra seulement pour préparer l'intervention (voir ce mot).

Manger
(Problèmes pour)

▶ Voir **Appétit, Pica**.

Marche

La marche pieds nus

La marche pieds nus est recommandée à la maison, s'il n'y a pas de danger d'écharde, dans les premiers mois de l'apprentissage. Cela fortifie les muscles plantaires.

▶ Voir **Retard** (à la marche).

Mastoïdite

Actuellement exceptionnelle

La mastoïdite était autrefois la complication majeure des otites mal soignées et de certaines maladies éruptives (rougeole, scarlatine). Elle consistait en l'infection d'une cavité osseuse (la mastoïde) située derrière l'oreille. A ce niveau : douleurs aggravées à la pression, tuméfaction de la région, fièvre donnaient l'alerte. Dans la plupart des cas on devait opérer (évidement mastoïdien).

Actuellement, la mastoïdite est exceptionnelle. Si par hasard elle se déclenche, on peut la soigner par l'homéopathie. Les médicaments les plus indiqués sont CAPSICUM, SILICEA, mais il vaut mieux qu'ils soient prescrits par un homéopathe.

Masturbation

▶ Voir **Sexuels** (Problèmes).

Meckel (Diverticule de)

Un diagnostic opératoire

Le diverticule de Meckel est une petite poche de l'intestin grêle qui existe chez 1,5 p. 100 des individus et qui, habituellement, ne fait pas parler d'elle. Lorsqu'elle s'enflamme, l'enfant présente des symptômes semblables à ceux de l'appendicite ou de l'occlusion, avec en plus du sang dans les selles. Le diagnostic est le plus souvent porté au cours de l'opération qui, de toute façon, est obligatoire.

Méconium

▶ Voir **Nourrisson normal**.

Mégacôlon

Une distension du gros intestin

Le mégacôlon congénital, ou maladie de Hirschprung, est une dilatation du gros intestin par malformation du plexus nerveux qui le commande. Il se caractérise avant tout par de la constipation chronique (qui débute dès le premier mois de la vie) et un gros ventre. C'est la radiographie (avec lavement baryté) et un prélèvement de la muqueuse rectale qui permettent au médecin de faire le diagnostic.

Le traitement est chirurgical. Il consiste en la résection de la partie malformée. Pour préparer l'opération, voir **Intervention**.

Mémoire

Pour l'aider dans son travail scolaire

L'enfant a habituellement une bonne mémoire. Pour aider un enfant normal à retenir ce qu'il apprend en classe, on peut lui donner :

PHOSPHORICUM ACIDUM 9 CH,

trois granules trois fois par jour, dans les périodes d'importante activité intellectuelle.

Chez un enfant intellectuellement retardé

S'il n'a pas de mémoire, on l'aidera avec :

BARYTA CARBONICA 9 CH,

trois granules trois fois par jour, vingt jours par mois, pendant quelques mois.

Méningite

La méningite virale : une maladie bénigne

L'infection des méninges, ce coussin liquidien qui entoure confortablement tout le système nerveux central (cerveau et moelle épinière), n'est pas obligatoirement grave.

Il s'agit assez souvent d'une simple inflammation d'origine virale (par exemple au cours des oreillons) et, dans ce cas, l'homéopathie (prescrite par un médecin) est suffisante. Pour savoir s'il s'agit bien d'une méningite virale, une ponction lombaire est nécessaire. Dans le cas envisagé elle ramène un liquide clair comme de l'eau.

Les méningites d'origine microbienne

Les autres cas de méningite : méningite cérébro-spinale, méningite tuberculeuse, sont d'origine microbienne. Il est indispensable de faire un diagnostic précoce, un traitement énergique par les antibiotiques appropriés et la cortisone, ce qui amène une guérison dans la plupart des cas.

Les principaux symptômes qui pousseront les parents à demander l'avis du médecin sont : maux de tête violents, gêne à la lumière, fontanelle tendue chez le nourrisson, vomissements abondants et sans effort, constipation, fièvre élevée (avec parfois convulsions et troubles de conscience), raideur de la nuque (très caractéristique) et de la région lombaire, parfois piqueté hémorragique de la peau. L'enfant est couché « en chien de fusil ». La ponction ramène un liquide purulent (méningite cérébro-spinale) ou clair (méningite tuberculeuse). Les analyses complémentaires montrent de quel agent infectieux il s'agit.

La méningite se voit par petites épidémies. En général on ferme la classe lorsqu'un cas s'est produit. Ne pas s'affoler si l'on habite le même quartier ou le même village qu'un enfant atteint de méningite. Il n'y aura que peu de cas. Bien entendu, suivre les instructions du médecin en ce qui concerne la prévention.

Menteur

▶ Voir **Comportement**.

Mer

Salutaire ou pas ?

Il est admis communément que le climat du bord de mer n'est pas salutaire pour les enfants nerveux. Cela ne se vérifie pas automatiquement. Il y a des enfants qui sont calmés par un séjour au bord de la mer, d'autres qui s'y trouvent excités. Il y a aussi des cas d'amélioration par un court séjour (une semaine), suivie d'aggravation si le séjour se prolonge. On voit aussi des enfants bien se porter pendant leur séjour à la mer et être fatigués lorsqu'ils rentrent chez eux. C'est spécialement la Méditerranée qui provoque ce genre de réaction.

Si un enfant est énervé ou au contraire abattu, insomniaque, « impossible », au bord de la mer, le mieux est de ne pas l'y emmener. Si l'on ne peut faire autrement, prévoir un séjour le plus court possible et donner à l'enfant pendant toute cette période :

NATRUM MURIATICUM 9 CH,
trois granules trois fois par jour.

Mérycisme

L'enfant qui rumine

Le mérycisme est une rumination alimentaire répondant à des perturbations psychologiques d'ordre affectif. Il est très rare, et se voit surtout chez les garçons entre l'âge de six et douze mois.

Il correspond à une remontée volontaire d'aliments qui sont remâchés avec un plaisir évident. Cela n'arrive que lorsque l'enfant est seul ou se croit seul. On voit qu'il est absorbé par sa rumination. Il a les yeux dans le vague et semble satisfait.

Cela n'est pas grave. Le nourrisson est par ailleurs normal. Il suffit de lui donner des soins affectueux, de le caresser, lui parler, le prendre dans les bras, et tout rentre dans l'ordre. Sur le plan homéopathique on peut s'aider de :

PHOSPHORUS 9 CH,
trois granules trois fois par jour, jusqu'à amélioration.

Migraine

La moitié du crâne

La migraine est un mal de tête violent, survenant par crises, et d'origine circulatoire. Elle peut se voir chez l'enfant avec fréquemment un facteur héréditaire associé.

La crise typique concerne la moitié du crâne, comme le rappelle l'étymologie (du grec *hemi* : moitié ; *kranion* : crâne). Parfois la douleur se localise à l'arrière du crâne, au sommet, au-dessus d'un œil.

Le grand enfant est capable de préciser ce qu'il ressent. Il se plaint de « battements » dans la tête. La crise est souvent déjà installée au réveil. Elle peut s'accompagner de nausées, de vomissements (alimentaires ou bilieux), de rougeur ou de pâleur du visage, de troubles oculaires (impressionnants mais peu graves) : perte momentanée de la vue avant la migraine, apparition d'un point brillant ou vue trouble pendant la migraine.

La crise pousse l'enfant à s'allonger dans le noir ou au moins à fermer les yeux. Elle est suivie d'abattement et de besoin de dormir.

Traitement de la crise

Donner à l'enfant, *dès les premiers symptômes*, trois granules toutes les demi-heures de l'un des médicaments suivants, jusqu'à amélioration.

- Migraine avec battements dans la tête,
  BELLADONA 9 CH.

- Migraine de l'arrière du crâne, avec paupières lourdes, se terminant par une émission d'urine abondante et incolore,
  GELSEMIUM 9 CH.

- Migraine avec troubles oculaires,
  IRIS VERSICOLOR 9 CH.

- Migraine avec vomissements bilieux et brûlures d'estomac,
  IRIS VERSICOLOR 9 CH.
- Migraine avec diarrhée bilieuse,
  NATRUM SULFURICUM 9 CH.
- Migraine précédée de faim impérieuse, d'excitation ou de sensation d'être particulièrement en pleine forme,
  PSORINUM 9 CH.
- Migraine avec éructations,
  SANGUINARIA CANADENSIS 9 CH.
- Migraine avec joues rouges, spécialement la droite,
  SANGUINARIA CANADENSIS 9 CH.
- Migraine avec abattement, yeux cernés,
  SEPIA 9 CH.

En cas d'hésitation, alterner deux ou trois des médicaments cités.

Traitement de fond

Consulter de toute manière un homéopathe pour le traitement de fond, seul capable d'empêcher le retour des accès migraineux.

Si l'on doit attendre la consultation, donner à l'enfant pendant quelques jours :
  PSORINUM 9 CH,
  trois granules trois fois par jour.

▶ Voir aussi **Tête** (mal de).

Milium

Des grains de mil sur le visage

Chez le nourrisson les glandes sébacées (qui sécrètent le sébum, matière grasse de la peau) ne fonctionnent pas tout de suite. Elles sont un peu grosses, blanches comme des grains de mil. On les voit principalement au visage, jusqu'à l'âge de un ou deux mois.

Ne rien faire, cela passera tout seul.

Mongolisme

▶ Voir **Trisomie 21**.

Mononucléose infectieuse

Une angine épuisante

La mononucléose infectieuse est une maladie virale caractérisée par une forte angine, rouge ou à points blancs, avec parfois des fausses membranes ressemblant à celles de la diphtérie. Il y a de gros ganglions dans le cou, une fièvre traînante (en dessous de 39 ºC), une fréquente augmentation du volume de la rate, une grande fatigue.

C'est cette fatigue qui inquiète. En fait, il s'agit d'une maladie bénigne, dont le diagnostic est confirmé par une prise de sang : présence en grand nombre de certains globules blancs, les mononucléaires, et réaction positive de certains tests spécifiques : réaction de Paul et Bunnel, MNI-test.

Cela n'a rien à voir avec la leucémie. Votre médecin vous le confirmera. Si par hasard on ne peut consulter un homéopathe, donner à l'enfant, sous surveillance médicale :

MERCURIUS SOLUBILIS 9 CH,
NATRUM MURIATICUM 9 CH,
trois granules de chaque trois fois par jour, jusqu'à guérison.

Montagne

Le mal des montagnes

Si votre enfant supporte mal l'air de la montagne (et si vous ne pouvez faire autrement que d'y aller), donnez-lui :

COCA 9 CH,
trois granules trois fois par jour, pendant tout le séjour.

Le vertige des hauteurs

S'il a le vertige des hauteurs ou la sensation d'être écrasé par les montagnes :

ARGENTUM NITRICUM 9 CH,
trois granules trois fois par jour, pendant tout le séjour.

L'ophtalmie des neiges

S'il a trop regardé la neige, ou s'il a des lunettes protectrices de mauvaise qualité, la réverbération des rayons du soleil provoquera des yeux rouges et larmoyants. C'est l'ophtalmie des neiges. Dans ce cas, donner :

ACONIT 9 CH,
trois granules trois fois par jour, jusqu'à guérison.

Moqueur

▶ Voir **Comportement**.

Mord

▶ Voir **Comportement** (agressivité).

Morsures et piqûres d'animaux

Piqûres d'insectes

Sous les climats tempérés, les piqûres d'insectes ne sont

pas dangereuses (à moins d'une susceptibilité particulière). Abeilles, guêpes, moustiques, aoûtats, araignées, taons ne provoquent qu'une petite irritation locale, parfois infectée.

- Quel que soit l'insecte, utiliser :
  APIS 9 CH,
  LEDUM PALUSTRE 9 CH,
  trois granules toutes les demi-heures ou toutes les heures en alternance.

Localement

Appliquer deux ou trois fois dans la journée un peu de LEDUM T.M.

- En cas de surinfection ajouter au traitement ci-dessus :
  HEPAR SULFURIS CALCAREUM 9 CH,
  trois granules trois fois par jour.

- Pour un enfant allergique et particulièrement sensible au venin d'abeille ou de guêpe, toujours avoir sur soi un tube de :
  APIS 9 CH,
  et lui donner trois granules, tout de suite après la piqûre. Continuer de deux en deux minutes pendant un quart d'heure ou vingt minutes.

Morsures de chien

Donner à l'enfant :
LACHESIS 5 CH,
LEDUM PALUSTRE 5 CH,
trois granules de chaque toutes les heures ou trois fois par jour, selon l'importance.

Localement

Appliquer CALENDULA T.M., quelques gouttes sur une compresse, fréquemment renouvelées.

Cela sera fait en plus des précautions à prendre en raison des risques de rage (voir ce mot) et des éventuels soins de petite chirurgie.

Morsures de serpents

En Europe, il s'agit avant tout de vipères. En cas de morsure, il faut d'abord avoir les réflexes du bon secouriste : garrot à la racine du membre atteint, à décomprimer pendant une minute toutes les vingt minutes, mise en place si possible de glace au siège de la morsure. Transporter au plus vite l'enfant dans un cabinet médical ou un centre hospitalier où il recevra les soins de médecine classique. Pendant le transport on peut donner, si on les a sous la main :
LEDUM PALUSTRE 9 CH,
VIPERA REDI 9 CH,
trois granules de chaque de deux en deux minutes, en alternant.

Mouille son lit la nuit

▶ Voir **Énurésie**.

Moustiques

▶ Voir **Morsures et piqûres d'animaux**.

Mucoviscidose
(Fibrose kystique du pancréas)

Un épaississement des sécrétions glandulaires

Il s'agit d'une maladie d'origine génétique (un cas sur deux mille naissances), récessive, c'est-à-dire qu'un enfant ne peut avoir cette maladie que si ses deux parents sont porteurs (sains) du gène correspondant.

Elle est caractérisée par l'épaississement de certaines sécrétions externes, ce qui provoque des troubles :

– bronchiques, avec toux ressemblant à celle de la coqueluche, surinfection par manque d'élimination du mucus ;

– digestifs, avec insuffisance de sécrétion du suc pancréatique, d'où diarrhée fétide avec grosses selles graisseuses, gros ventre, troubles de la croissance ; à la naissance le retard à l'évacuation du méconium (voir **Nourrisson normal**) alerte le médecin ;

– de la sueur où il y a un excès de sel, ce que le médecin identifie par un test simple ; l'enfant élimine plus de sel qu'il ne faudrait.

En complément de la kinésithérapie respiratoire, du traitement substitutif par extraits pancréatiques, du régime riche en protéines (et en sel en période de chaleur), le médecin homéopathe interviendra pour aider l'enfant à lutter contre l'infection (ce qui évitera le recours fréquent à l'antibiothérapie) et l'amaigrissement (l'enfant a d'ailleurs un gros appétit).

Les médicaments qu'il recommandera le plus souvent sont NATRUM MURIATICUM et PHOSPHORUS.

Muet

▶ Voir **Langage**.

Muguet

▶ Voir **Bouche**.

Mutisme, repli sur soi

▶ Voir **Comportement**.

Mycose

▶ Voir **Parasites**.

Myopathie

Une atrophie musculaire congénitale

Il s'agit d'une maladie d'origine génétique (un cas sur sept mille naissances) où l'on constate une altération progressive des fibres musculaires. Elle touche avant tout le garçon. Elle provoque une gêne importante dans la vie de tous les jours, en particulier la marche et la respiration.

Il n'y a pas à proprement parler de traitement homéopathique, mais on peut aider le petit patient à utiliser au maximum la force musculaire restante avec :

ARNICA 12 CH,
une dose par semaine, deux mois sur trois, pendant plusieurs années.

Myopie

▶ Voir **Vue**.

Myxœdème

▶ Voir **Thyroïde**.

n - o

Nævus (Envie)

Une tache sur la peau

Le nævus est une tache de la peau, de couleur, de forme et de nombre variables : simple tache de rousseur, grain de beauté, nævus tubéreux (rouge et surélevé), angiome (voir ce mot) ou nævus vasculaire.

Il n'y a pas de traitement homéopathique.

Nanisme

▶ Voir **Retard** (de croissance).

Nausées

Pour des nausées passagères

Les nausées ne sont pas en elles-mêmes significatives. De nombreuses maladies peuvent en être responsables. En cas de nausées passagères on pourra donner à l'enfant trois granules toutes les heures pendant une demi-journée de l'un des médicaments suivants :

- Nausées après un coup de froid,
COCCULUS INDICUS 9 CH.
- Pendant un voyage,
COCCULUS INDICUS 9 CH.
- A la vue ou à l'odeur des aliments,
COLCHICUM 9 CH.
- Au cours d'un effort de toux,
IPECA 9 CH.
- Après un repas trop copieux,
NUX VOMICA 9 CH.
- Pendant les règles,
NUX VOMICA 9 CH.
Consulter en cas de persistance.

Néphrétique (Colique)

▶ Voir **Colique**.

Néphrite

Néphrite aiguë

Il s'agit d'une inflammation du rein d'origine infectieuse, très souvent due au streptocoque bêta-hémolytique. Elle survient après une angine mal soignée ou une scarlatine. Il y a des enflures plus ou moins généralisées (paupières, organes génitaux, membres inférieurs), des urines rares et foncées, contenant du sang et de l'albumine, une fièvre modérée, une augmentation de la tension artérielle. C'est surtout une maladie du grand enfant.

Consulter un homéopathe. Il préférera peut-être les antibiotiques (de type pénicilline), surtout si les symptômes ne sont pas nets. Après la phase aiguë, il donnera un traitement homéopathique pour éviter la rechute ou le passage à la chronicité.

APIS, MERCURIUS SOLUBILIS font partie des médicaments les plus indiqués.

Néphrite chronique

Elle n'est pas du domaine de l'homéopathie.

Pyélo-néphrite

▶ Voir **Urinaire** (Infection).

Néphrose lipoïdique

Une lésion du filtre rénal

Il s'agit d'une lésion dégénérative de la membrane filtrante des reins. La néphrose lipoïdique (ou syndrome néphrotique) s'accompagne d'une importante albuminurie (plus de 3 grammes par jour) et de corpuscules graisseux dans les urines. La prise de sang montre un manque de protéines. L'enfant est enflé de façon importante, pâle, abattu, sans appétit. Cette maladie se voit surtout entre l'âge de un et cinq ans.

Le repos et le régime sans sel sont des mesures primordiales. Un traitement homéopathique (avec souvent MERCURIUS CORROSIVUS, NATRUM MURIATICUM, PHOSPHORUS) est possible et remplacera avantageusement la cortisone dans de nombreux cas, tout en prévenant les complications infectieuses, mais il doit obligatoirement être prescrit par un médecin.

L'évolution est le plus souvent favorable en quelques mois, ne laissant pas de séquelles.

Nervosité

Qu'est-ce qu'un enfant nerveux ?

Tout simplement un enfant qui, dans la vie de tous les jours, n'a pas le comportement qu'on attend de lui. A ce titre beaucoup d'enfants réputés nerveux sont en fait tout à fait normaux, au plus peut-on dire qu'ils sont « pleins de vie ».

Cela étant, certains franchissent la barrière (difficile à repérer) du pathologique et dans ce cas les médicaments homéopathiques seront les bienvenus.

L'anxiété

Le comportement nerveux traduit l'anxiété sous-jacente[1]. Voici quelques précieuses recommandations. Donner trois granules trois fois par jour du médicament sélectionné, jusqu'à amélioration.

- Anxiété d'anticipation, ARGENTUM NITRICUM 9 CH.
- Anxiété avec peur de mourir (certains enfants le disent), ACONIT 9 CH.
- Anxiété après une frayeur, ACONIT 9 CH.
- Peur d'être seul, ARSENICUM ALBUM 9 CH.
- Peur à la tombée de la nuit, PHOSPHORUS 9 CH.
- Peur de descendre les escaliers, BORAX 9 CH.

1. Ou l'angoisse, qui est de l'anxiété avec participation physique : palpitations, douleurs, oppression, etc.

- Anxiété avec besoin impérieux de compagnie, PHOSPHORUS 9 CH.
- Anxiété avec oppression respiratoire, IGNATIA 9 CH.
- Anxiété avec palpitations, ACONIT 9 CH.

▶ Voir également **Comportement**, **Dépression**, **Névrose**, **Peurs**.

Névrose

A détecter le plus tôt possible

La névrose est beaucoup plus que la nervosité (voir ce mot). C'est un état pathologique structuré du système émotif rendant le comportement du malade pénible pour lui-même et son entourage. Le sujet est conscient du caractère anormal de son trouble. Contrairement aux cas de psychose (voir ce mot), il ne perd pas le contact avec le réel.

Les enfants en sont rarement atteints, du moins dans une forme majeure, mais il faut savoir détecter la névrose car, le plus souvent, le petit patient fera tout pour que l'on ne s'aperçoive de rien. Toute anomalie un peu marquée du comportement (voir ce mot) méritera une consultation de l'homéopathe et, éventuellement, du psychothérapeute.

Nez

Les petits ennuis

Donner trois granules trois fois par jour du médicament nécessaire jusqu'à amélioration :

- Nez bouché,
  NUX VOMICA 9 CH.
- Croûtes dans le nez,
  KALIUM BICHROMICUM 9 CH.
- Éternuements,
  NUX VOMICA 9 CH.

Localement

On ne mettra dans le nez du nourrisson, et même du grand enfant, que du sérum physiologique (en changeant l'ampoule tous les jours).

▶ Voir également **Hémorragie**, **Rhino-pharyngite**, **Rhume**.

Nombril

▶ Voir **Ombilic**.

Nourrisson normal

La peau rose et l'œil vif

Le nourrisson normal a une figure ronde, la tête un peu grosse par rapport au corps, une peau rose et fraîche, légèrement marbrée, ferme.

Il tète bien, même s'il est un peu paresseux. Il dort tranquillement. Lorsqu'il se réveille, on peut constater qu'il a l'œil vif (la couleur définitive n'en est pas fixée avant le troisième ou le quatrième mois). Sa température est autour de 37 °C, son pouls et sa respiration sont rapides.

Le gonflement des parties génitales

On peut remarquer un certain degré de gonflement des parties génitales qui sont encore sous l'action des hormones maternelles. Chez la petite fille on peut même voir un léger écoulement sanguin vaginal. Les seins également sont gonflés dans les deux sexes.

Sa première selle : le méconium

Le méconium est une pâte de couleur vert foncé que le bébé expulse pendant les deux premiers jours de sa vie, avant d'avoir des selles normales (trois à quatre par jour).

En cas de retard à l'apparition du méconium, on peut lui donner :
NUX VOMICA 5 CH,
trois granules une seule fois, qu'éventuellement on écrasera

au rouleau à pâtisserie à travers un linge propre avant de les mettre dans la bouche.

La perte de poids des premiers jours

Du troisième au cinquième jour le nouveau-né perd entre 5 et 10 p. 100 de son poids. Cela est tout à fait normal. Il reviendra à son poids de naissance entre le huitième et le quatorzième jour. Souvent il aura une légère jaunisse (voir **Ictère**).

Faut-il le présenter à l'homéopathe ?

Certains parents désirent présenter leur nouveau-né en bonne santé à l'homéopathe. Il ne s'agit pas seulement de « faire connaissance ». La question est souvent posée : « Devons-nous déjà donner un médicament à notre enfant pour le maintenir en forme ? »

Si cette démarche cache une anxiété des parents, c'est surtout de cela que nous devrons parler. Sinon donnons à cet enfant :

CALCAREA CARBONICA 12 CH,
une dose de poudre par semaine dans un peu d'eau, pendant trois mois.

Ainsi aura-t-il un bon départ dans la vie.

Nouveau-né (Pathologie du)

Dans la plupart des cas, le nouveau-né est normal (voir la précédente rubrique). S'il y a un problème, la médecine classique et parfois la chirurgie auront la primauté. Il est cependant des circonstances dans lesquelles l'homéopathie peut être utile.

La cyanose

Si le nouveau-né est légèrement bleu (un peu cyanosé) avec des fonctions vitales normales, lui glisser dans la bouche trois granules (éventuellement réduits en poudre) de :

CARBO VEGETABILIS 5 CH.

Les difficultés respiratoires

En cas de difficultés respiratoires minimes, trois granules (éventuellement réduits en poudre) de :

ANTIMONIUM TARTARICUM 5 CH,
à répéter selon les besoins.

Les yeux rouges

Si le nouveau-né a les yeux rouges, lui donner, en plus des soins locaux prodigués par la maternité :

ARGENTUM NITRICUM 9 CH,

trois granules réduits en poudre, trois fois par jour, pendant trois jours.

La bosse séro-sanguine

Très souvent l'enfant normal naît avec une bosse séro-sanguine. Il s'agit d'un gonflement des parties molles du cuir chevelu, dû à un passage difficile au moment de l'accouchement ou au vacuum extractor (sorte d'aspirateur) qui a aidé le bébé à venir au monde. Dans ce cas, ne pas s'inquiéter et donner une dose-poudre de :

ARNICA 12 CH,
dans un peu d'eau, à ne pas répéter.

Nouveauté
(N'aime pas la)

▶ Voir **Comportement**.

Obésité

Abandonner le mythe des « glandes »

En cas d'obésité on a tendance à chercher une explication commode dans le dysfonctionnement glandulaire. Les tests spécifiques sont en fait exceptionnellement positifs.

Les obésités s'expliquent : par l'hérédité (cas familiaux d'obésité contre lesquels il est difficile de lutter), un facteur affectif, la suralimentation (la table de famille est trop copieusement fournie et l'habitude de trop manger a été prise dès le départ). Parfois il s'agit « d'entrées clandestines » : l'enfant se bourre de gâteaux et de bonbons en cachette de ses parents.

Toutes ces causes font que les parents doivent être vigilants.

Pas de régime pesé

Le traitement naturel de l'obésité de l'enfant est le régime (sous surveillance médicale) avec ce que cela comporte de doigté, car une insistance quant à la restriction fixe l'enfant dans son désir de se gaver.

Il faut également qu'il fasse du sport, prenne le plus d'exercice possible.

L'homéopathie : une aide

L'homéopathie a son rôle à jouer dans ce problème, bien qu'elle ne propose pas de traitement directement amaigrissant. En tout cas c'est la seule thérapeutique médicamenteuse possible, en raison de son inocuité.

Il s'agira d'un traitement de terrain, établi par un médecin, dès que l'obésité sera patente.

Les principaux médicaments seront : ANTIMONIUM CRUDUM, CALCAREA CARBONICA, GRAPHITES, SULFUR, THUYA.

Obsession

▶ Voir **Névrose**, dont c'est une forme.

Occlusion intestinale

Un mot qui fait peur

En cas d'occlusion intestinale, il y a des douleurs importantes par crises successives, avec cris, arrêt des matières et des gaz, ballonnement abdominal, vomissements (alimentaires ou même de matières). Il peut y avoir également des signes de déshydratation.

La radiographie simple du ventre montre une distension gazeuse et la présence de lignes droites horizontales appelées niveaux liquides. L'occlusion est bien entendu une urgence chirurgicale. Elle se produit lorsqu'il y a un obstacle mécanique sur le trajet de l'intestin : étranglement herniaire (principalement chez le gar-

çon), invagination intestinale (l'intestin se replie à l'intérieur de lui-même), torsion de l'intestin, brides d'opérations antérieures.

Tout en transportant l'enfant en milieu spécialisé, lui mettre dans la bouche une dose de :

OPIUM 30 CH.

Heureusement l'occlusion intestinale est relativement rare. Ne jamais menacer un enfant constipé d'être guetté par l'occlusion. Cela est faux et lui fait peur inutilement.

Œdème

Enflure de la peau ou des muqueuses

L'œdème peut être limité (piqûre d'insecte, traumatisme local) ou généralisé : œdème de Quincke (voir **Lèvres**), d'origine allergique ; œdème d'origine cardiaque ou rénale (voir **Néphrite**, **Néphrose**). Dans ces cas l'œdème « garde le godet », c'est-à-dire que la trace du doigt qu'on enfonce dans la peau reste marquée quand on relâche la pression. Une consultation est bien évidemment nécessaire.

Œil

▶ Voir **Yeux**.

Ombilic

Le moignon ombilical

Le bout de cordon ombilical qui est laissé en place au moment de la section tombe seul entre la première et la deuxième semaine après la naissance.

Suintement ombilical

Après la chute du moignon, il est tout à fait normal que persiste pendant 10 à 15 jours un petit suintement. Il vaut mieux cependant le soigner pour éviter qu'il ne soit le point de départ d'une infection plus sérieuse. Donner au bébé :

CALCAREA CARBONICA 9 CH,

trois granules trois fois par jour, au besoin réduits en poudre, jusqu'à cessation.

Localement

Mettre après le bain un peu de crème au CALENDULA.

Granulome ombilical

Un petit bourgeon de chair rouge peut se produire au niveau de l'ombilic après la chute du moignon. Il faut le traiter avant qu'il ne suppure. Donner :

CALCAREA CARBONICA 9 CH,

trois granules trois fois par jour, au besoin réduits en poudre, jusqu'à disparition.

Localement

Pommade au CALENDULA après le bain.

Saignement ombilical

Parfois on constate une sécrétion sanguinolente. Cela n'est pas plus inquiétant. Faire le même traitement que ci-dessus pour le granulome.

Hernie ombilicale

▶ Voir **Hernie**.

Ongles

Ongle incarné

Chez le nourrisson, il suffira d'appuyer sur l'ongle dix minutes trois fois par jour avec le plat de la queue d'une cuiller, pendant quelques jours.

Chez le grand enfant, comme chez l'adulte, on aura recours au pédicure.

Infection autour d'un ongle (ou périonyxis)

Donner à l'enfant : HEPAR SULFURIS CALCAREUM 9 CH,

trois granules trois fois par jour, jusqu'à guérison.

Localement

Mettre de la crème au CALENDULA deux fois par jour.

Mycose unguéale

Présence de champignon au niveau de l'ongle.

▶ Voir **Parasites**.

Taches blanches sur les ongles

Donner :
SILICEA 9 CH,
trois granules trois fois par jour, pendant deux mois.

Si l'enfant ronge ses ongles

▶ Voir **Comportement** (ongles).

Opération

▶ Voir **Intervention chirurgicale**.

Opposition

▶ Voir **Comportement**.

Orchite

▶ Voir **Testicules**.

Oreilles

Le cérumen ou cire d'oreilles

Chez le nourrisson il ne faut pas s'occuper du cérumen : plus on en enlève, plus il s'en forme.

Attention : ne pas nettoyer les oreilles avec un coton-tige. Cela ne peut qu'enfoncer le cérumen, le tasser contre le tympan (sans compter les risques, non négligeables, de perforation). Il ne faut nettoyer que le pavillon de l'oreille. S'il y a vraiment un bouchon, c'est le médecin qui procédera au lavage.

Après le lavage, donner à l'enfant :
CONIUM 9 CH,
trois granules trois fois par jour, quinze jours par mois, pendant trois mois.

Suppuration derrière les oreilles

Donner :
GRAPHITES 9 CH,
trois granules trois fois par jour, pendant quelques jours.
Consulter en cas de persistance.

Percement des oreilles

Le percement des oreilles pour mise en place de boucles peut provoquer une suppuration. Dans ce cas, donner :
LEDUM PALUSTRE 9 CH,
HYPERICUM 9 CH,
trois granules de chaque trois fois par jour, jusqu'à guérison.

Les oreilles décollées

L'intervention, décidée d'un commun accord entre les parents et le grand enfant, sera, bien entendu, la seule solution possible. Pour la préparer, voir la rubrique **Intervention chirurgicale**.

▶ Voir également **Otite**, **Mastoïdite**.

Oreillons

L'inflammation des parotides

Il s'agit d'une inflammation d'origine virale des glandes parotides (situées en avant et en dessous des oreilles) et éventuellement des glandes sous-maxillaires et sublinguales. Toutes ces glandes sont des glandes salivaires.

Les principaux symptômes sont : gonflement et douleurs au niveau des glandes atteintes, de façon uni- ou bilatérale, gêne à la mastication, fièvre modérée, rougeur au niveau de l'abouchement de la glande à l'intérieur de la joue.

L'incubation est de trois semaines environ. La contagion se fait dans la période où la maladie n'est pas encore manifeste. Il s'agit d'une maladie bénigne avant la puberté. Il ne faut donc pas éloigner les enfants de moins de quatorze ans, il est plutôt souhaitable qu'ils soient débarrassés précocement du problème.

Le traitement homéopathique

Les antibiotiques étant inefficaces, on aura tout intérêt à traiter l'enfant par l'homéopathie. Donner :
MERCURIUS SOLUBILIS 9 CH,
PULSATILLA 9 CH,
SULFUR 9 CH,
trois granules de chaque trois fois par jour, pendant dix jours.

Les complications

Ainsi traités, les oreillons ne donneront pas lieu à complication. Mais ils passent parfois inaperçus. Dans ce cas, on peut avoir :
– une méningite bénigne par diffusion du virus dans les méninges ;
– une atteinte pancréatique, rare chez l'enfant ;
– une atteinte testiculaire, ou orchite, qui ne se déclare jamais avant la puberté (mais qui, chez l'adulte, est responsable de stérilité).
Dans tous ces cas, le médecin homéopathe sera consulté.

La prévention

Si un enfant a les oreillons, faire un traitement préventif des membres de la famille qui ont plus de quatorze ans et

n'ont pas eu antérieurement la maladie. On prendra :
TRIFOLIUM REPENS 3 DH, dix gouttes trois fois par jour pendant dix jours.

Orgelet

▶ Voir **Paupières**.

Orgueilleux

▶ Voir **Comportement**.

Orthophonie

La rééducation du langage

L'orthophonie est la rééducation des troubles du langage : oral (articulation, phonation, compréhension orale) et écrit (lecture à voix haute, lecture silencieuse, orthographe).

Les principales indications de l'orthophonie sont le retard de la parole, la dyslexie (voir **École**).

Un traitement homéopathique associé aidera l'enfant à participer au maximum à sa rééducation, ce qui est capital.

Osgood-Schlatter (Maladie d')

Une maladie du garçon à l'âge de la puberté

Il s'agit de la nécrose (destruction) de la petite tubérosité du tibia sur laquelle s'insère le tendon rotulien qui contribue à l'extension du genou.

Cette affection survient souvent à l'époque de la puberté, principalement chez le garçon. Elle guérit lentement (quelques mois). Il faut interdire les mouvements violents du genou, avant tout le football, mais aussi le rugby et le basket-ball. Pour hâter la guérison, donner :
ARNICA 9 CH,
RUTA 9 CH,
HEKLA LAVA 9 CH,
trois granules de chaque trois fois par jour, vingt jours par mois, pendant quelques mois.

Ostéomyélite

Un abcès osseux

L'ostéomyélite est une infection de l'os, généralement due au microbe staphylocoque. Elle est heureusement rare actuellement. Outre des douleurs de l'os atteint (à la fois spontanées et à la pression), on constate une fièvre élevée et l'impossibilité de bouger l'articulation la plus proche. La radiographie confirme le diagnostic.

En cherchant bien on pourrait trouver un traitement homéopathique mais il ne faut absolument pas se tromper de médicament. Comme toujours en homéopathie, il n'y a pas de diagnostic automatique en fonction du nom de la maladie. Vu la gravité, le traitement antibiotique et l'immobilisation plâtrée représentent la meilleure chance. Cela évitera les formes traînantes et le recours à la chirurgie.

Une fois la phase aiguë terminée, donner à l'enfant pendant trois mois :
SILICEA 9 CH,
trois granules trois fois par jour.

Otite

L'inflammation de l'oreille moyenne

L'otite habituelle est due à l'inflammation de l'oreille moyenne, la partie qui est immédiatement derrière le tympan.

Elle est souvent consécutive à une rhino-pharyngite, parfois à une rougeole ou une scarlatine mal soignées. Il y a de la fièvre (généralement élevée), des douleurs plus ou moins fortes (chez le nourrisson ce sont des cris inexpliqués qui font consulter, chez l'enfant un peu plus grand on voit qu'il se frotte l'oreille).

Lorsque le médecin examine l'oreille, il constate que le tympan est rouge, ou bien bombe vers l'extérieur et recouvre une collection purulente, ou bien qu'il est ouvert et que l'oreille coule spontanément. Parfois, il n'y a aucun symptôme et l'otite est une découverte d'examen au cours d'une visite de routine.

Traitement de l'otite aiguë

Il est préférable de consulter un homéopathe, surtout chez le nourrisson. En cas d'impossibilité, on peut toujours donner (sous surveillance médicale) :
BELLADONA 9 CH,
CAPSICUM 9 CH,
FERRUM
PHOSPHORICUM 9 CH,
trois granules toutes les heures en alternance, jusqu'à disparition de la fièvre et des douleurs.

Ce traitement est valable pour une otite rouge. En cas de suppuration, c'est bien évidemment la paracentèse qui constitue le traitement principal. On peut la compléter en donnant :

MERCURIUS SOLUBILIS
9 CH,
PYROGENIUM 9 CH,
ARSENICUM ALBUM 9 CH,
trois granules de chaque trois fois par jour, pendant cinq jours.

Otites aiguës à répétition

En cas d'otites aiguës à répétition, le traitement de fond par un homéopathe sera efficace et suffisant ; il n'y aura pas besoin de faire enlever les végétations.

Au cours du traitement, on pourra assister les premiers temps à des otites express qui guériront spontanément : on couche l'enfant en pleine forme ; lorsqu'on va le voir dans son lit le lendemain, il est toujours en bonne santé mais il y a une tache sur l'oreiller, et l'on comprend qu'il a eu un écoulement par le conduit auditif. Il s'agit d'une otite qui s'est résolue d'elle-même par paracentèse spontanée. Poursuivre simplement le traitement de fond.

L'otite à glue

Parfois l'oto-rhino-laryngologiste constatera de la « glue » (mot anglais signifiant colle forte) derrière le tympan. Il s'agit d'un liquide épais et transparent. Cela peut donner des douleurs fugaces et surtout une surdité plus ou moins à rechute, authentifiée par des examens complémentaires (audiogramme notamment). De ce fait, il peut y avoir un retard dans l'acquisition du langage et risque de passage à l'otite chronique.

En général le spécialiste propose la mise en place d'un « diabolo » sous anesthésie. Il s'agit d'un petit drain à cheval sur le tympan permettant l'écoulement permanent de la glue à l'extérieur.

Avec un traitement homéopathique de fond le diabolo est inutile, mais bien sûr il faudra continuer à faire surveiller l'enfant par l'ORL afin qu'il constate la disparition définitive de la surdité (en quelques mois).

L'otite chronique

L'otite chronique, avec disparition du tympan, suppuration permanente, destruction des osselets de l'oreille moyenne, ne doit plus se voir : les antibiotiques l'ont rendue exceptionnelle et le traitement homéopathique est également suffisant pour qu'elle ne survienne pas. Si par hasard il en existe une, donner en attendant la consultation chez l'homéopathe :

SILICEA 9 CH,
trois granules trois fois par jour.

Plus tard il faudra sans doute faire pratiquer une greffe du tympan, mais celle-ci n'interviendra qu'après la disparition définitive de la suppura-tion par le traitement de fond.

▶ Voir aussi **Mastoïdite**.

Oxyde de carbone

▶ Voir **Intoxication**.

Oxyures

▶ Voir **Parasites** (vers).

p - q

Pâleur

Anémie ou pas ?

La crainte, en cas de pâleur, est l'éventualité d'une anémie (voir ce mot) sous-jacente.

Il faut savoir toutefois que certains enfants sont naturellement pâles, sans être malades pour autant. Tirer doucement sur une des paupières inférieures : si la conjonctive (la muqueuse qui est sous la paupière) est elle-même pâle, il y a lieu de consulter.

Palpitations

Palpitations après une peur

Si votre enfant ressent des palpitations après une peur, donnez-lui :

ACONIT 9 CH,
trois granules toutes les heures, jusqu'à cessation.

Pour les autres cas : consulter.

Paludisme

Une fièvre intermittente

Le paludisme est dû à un parasite (l'hématozoaire) transmis, dans les régions tropicales et subtropicales, par un moustique : l'anophèle. Selon l'espèce, l'hématozoaire se reproduit toutes les 48 ou toutes les 72 heures à l'intérieur des globules rouges.

Survient alors une fièvre intermittente (par intervalles) avec des clochers élevés, accompagnée de frissons violents et de sueurs, de douleurs abdominales, de maux de tête, de nausées, de vomissements. Les globules rouges qui servent d'hôtes au parasite sont détruits, d'où un certain degré d'anémie. Le nombre des globules blancs est supérieur ou inférieur à la normale selon les cas. Parfois le médecin découvre une rate augmentée de volume. Le diagnostic est assuré par une prise de sang qui permet de déceler l'hématozoaire responsable.

Le traitement chimique

Il est indispensable et se fait avec la chloroquine, dérivé de la quinine capable de tuer l'hématozoaire.

L'homéopathie sera donnée en complément, une fois l'accès terminé, pour éviter les séquelles. Tout en continuant la chloroquine sous surveillance médicale, on peut donner à l'enfant :

CHINA RUBRA 9 CH,
trois granules trois fois par jour, vingt jours par mois, pendant trois mois.

Le traitement préventif

Il est obligatoire en cas de voyage dans un pays où sévit le paludisme. Il consiste en la prise quotidienne de chloroquine, en commençant une semaine avant le départ, à poursuivre pendant tout le séjour en zone infestée, puis pendant les deux mois qui suivent le retour.

Panaris

Homéopathie ou petite chirurgie ?

Le panaris correspond à l'infection de l'extrémité d'un doigt et peut revêtir plusieurs formes. S'il s'agit d'une simple rougeur, on peut donner :

DIOSCOREA VILLOSA
9 CH,
HEPAR SULFURIS
CALCAREUM 9 CH,
trois granules de chaque trois fois par jour, jusqu'à guérison.

Localement

Faire tremper plusieurs fois par jour le doigt de l'enfant dans un bol d'eau chaude contenant vingt-cinq gouttes de CALENDULA T.M.

S'il y a une collection suppurée (plus ou moins profonde), l'homéopathie ne suffira pas et le médecin devra sans doute inciser. De toute manière les antibiotiques sont d'indication exceptionnelle. Après l'incision, suivre les indications du médecin homéopathe.

Pancréatite

A la suite des oreillons

Inflammation du pancréas assez sérieuse mais accessible à la thérapeutique homéopathique, la pancréatite, chez l'enfant, suit certains cas d'oreillons. Les autres causes sont exceptionnelles.

Les principaux symptômes sont : douleurs abdominales intenses irradiées dans le dos, vomissements, baisse de l'état général. Le médecin demande un dosage de l'amylase sanguine, une enzyme du pancréas qui se déverse dans le sang pendant la maladie ; si l'amylase est augmentée, le diagnostic est certain.

Le traitement homéopathique est efficace : consulter. En cas d'impossibilité absolue, voir un médecin classique et ajouter à son traitement :

PHOSPHORUS 9 CH,
trois granules toutes les heures ou trois fois par jour selon l'intensité des douleurs ; espacer en fonction de l'amélioration.

Paralysie

Un traitement adjuvant

Les causes de paralysie sont variées et le plus souvent correspondent à des lésions organiques (infectieuses, toxiques, traumatiques). L'homéopathie ne représentera qu'un traitement adjuvant ; consulter un médecin homéopathe qui aidera à maintenir le capital neuro-musculaire resté intact.

Paralysie obstétricale

Il arrive qu'au cours d'un accouchement un peu difficile (par exemple une présentation du siège) le nouveau-né ait une paralysie d'un membre supérieur (paralysie du plexus brachial). Ce sera souvent transitoire et nécessitera exceptionnellement le recours à la chirurgie orthopédique.

Pour hâter le retour à la normale, donner :
ARNICA 9 CH,
PLUMBUM 9 CH,
trois granules deux fois par jour (à éventuellement écraser), pendant un mois.

Paraphimosis

▶ Voir **Verge**.

Parasites

Le parasite est un organisme plus ou moins gros qui vit dans le corps humain et dont il faut se débarrasser par des moyens chimiques. L'homéopathie sera cependant indispensable comme traitement complémentaire pour modifier le terrain et ainsi éviter les rechutes.

Champignons, mycoses (herpès circiné, pityriasis versicolor)

Les champignons microscopiques donnent des taches grises ou roses de la peau. Faire prendre à l'enfant :
ARSENICUM IODATUM 5 CH,
SEPIA 5 CH,
trois granules de chaque trois fois par jour, jusqu'à disparition.

Localement

Badigeonner deux fois par jour avec CALENDULA T.M.

En cas de persistance des lésions au-delà de quinze jours, consulter un médecin homéopathe.

En cas de mycose unguéale (l'ongle devient épais, fendillé, déformé, raccourci à cause des champignons) :
ANTIMONIUM CRUDUM 9 CH,
GRAPHITES 9 CH,
trois granules de chaque trois fois par jour, jusqu'à amélioration.

Localement

Badigeonner deux fois par jour avec CALENDULA T.M.

Gale

Le parasite de la gale (le sarcopte) provoque des sillons sous la peau ; à l'extrémité du sillon apparaît une petite vésicule. La démangeaison est forte. Les localisations électives sont le dos et les espaces interdigitaux. Le grattage risque de provoquer des lésions de surinfection.

Il faut entreprendre un traitement externe à l'aide d'une poudre spéciale à base d'un dérivé du D.D.T. On doit également désinfecter la literie, le linge de corps, les vêtements.

Par la suite on donnera à l'enfant :
PSORINUM 30 CH,
une dose par semaine pendant trois mois.

Muguet

▶ Voir **Bouche**.

Paludisme

▶ Voir ce mot.

Poux

En plus du traitement local habituel, donner :
PEDICULUS CAPITIS 5 CH,
trois granules trois fois par jour, jusqu'à disparition du parasite.

Localement

Ajouter au shampooing préféré quelques gouttes de SABADILLA T.M.

Teigne

▶ Voir **Cheveux**.

Toxoplasmose

▶ Voir ce mot.

Vers

Votre enfant tousse, se frotte le nez, grince des dents, a mal au ventre et des démangeaisons à l'anus. Vous pensez qu'il a des vers et vous allez certainement demander à votre médecin : « Les vers, vous y croyez ? »

Le médecin ne croit pas : il constate. Il refuse de recourir systématiquement au diagnostic de vers chaque fois qu'un vague symptôme y fait penser. En revanche, s'il en voit, si les parents disent qu'ils en ont vu, si certaines analyses (de l'anus, des selles ou du sang) confirment la présence de vers, il ne refusera pas le diagnostic.

Il faut utiliser un vermifuge de médecine classique (pour l'enfant porteur ainsi que pour les autres membres de la famille) et donner en plus pour calmer les symptômes (quelle que soit la nature des vers : oxyures, ascaris, ténia) un des médicaments suivants, à raison de trois granules trois fois par jour, jusqu'à amélioration (au besoin associer les trois médicaments) :

- Nervosité par les vers, CINA 9 CH.
- Démangeaison du nez, CINA 9 CH.
- Faim canine, CINA 9 CH.
- Douleurs abdominales, SPIGEIA 9 CH.
- Démangeaisons anales, TEUTRIUM MARUM 9 CH.

Encore un conseil : votre petite fille, en pleine nuit, se met à hurler, se tord littéralement de douleurs, éventuellement en montrant son sexe. Il s'agit d'un oxyure (petit vermicelle remuant) qui a migré de l'anus au vagin. Une seule solution : bien éclairer la région vaginale, écarter les grandes lèvres et ôter délicatement le coupable à l'aide d'une pince. Si on l'a dans la trousse, on pourra donner :

CALADIUM SEGUINUM 9 CH,
trois granules.

Parathyroïdes

Les régulatrices du calcium

Les parathyroïdes sont quatre petites glandes situées, comme leur nom l'indique, contre la thyroïde, dans le cou. Elles régularisent la production, la circulation et l'élimination du calcium sanguin.

Quand elles fonctionnent trop, le calcium est en excès dans le sang où il peut provoquer des lésions dans divers organes (os, arbre urinaire, tube digestif, système nerveux), mais cela est très rare.

Quand elles ne fonctionnent pas assez, il y a un manque de calcium dans le sang, d'où convulsions et spasmes (plus impressionnants que graves, voir **Spasmophilie**).

Un traitement homéopathique contribuera à la régularisation du fonctionnement des parathyroïdes. Consulter.

Paratyphoïde

Un peu moins grave que la typhoïde

Maladie infectieuse assez proche de la typhoïde, due à un microbe voisin (même famille de salmonella) et un peu moins grave. La contagion se fait par contact direct avec un malade ou indirectement par de la nourriture contaminée.

Après une incubation de un à dix jours, une fièvre apparaît, accompagnée de diarrhée plus ou moins forte. L'analyse des selles permet au médecin de faire le diagnostic.

La paratyphoïde était du domaine de l'homéopathie avant l'apparition d'antibiotiques efficaces. Elle l'est encore en théorie mais le médecin homéopathe doit alors être absolument sûr de son choix thérapeutique. S'il manque de symptômes décisifs, il préférera les antibiotiques.

Paresseux

▶ Voir **Comportement**.

Parole

▶ Voir **Langage**.

Paupières

Selon le trouble, donner trois granules trois fois par jour du ou des médicaments indiqués, jusqu'à guérison.

Blépharite

Inflammation du bord de la paupière, qui est collée le matin au réveil. Se voit fréquemment chez le nouveau-né. Donner en alternance trois fois par jour :
GRAPHITES 9 CH,
MERCURIUS SOLUBILIS
9 CH.

Chalazion

Petite masse ronde et indolore du bord de la paupière, à faire enlever chirurgicalement. Dans les suites, donner pendant un mois :
STAPHYSAGRIA 9 CH,
THUYA 9 CH.

Orgelets

Furoncle de la paupière, développé à la base d'un cil.

Donner dès le début :
HEPAR SULFURIS
CALCAREUM 9 CH,
PULSATILLA 9 CH.

Localement

Appliquer deux fois par jour la pommade au CALEN-DULA.

Éviter que l'enfant ne touche son orgelet, sinon il y a risque de dissémination du microbe. Consulter un homéopathe en cas d'orgelets à répétition.

Peau

Pour les différentes maladies et lésions de la peau qui peuvent s'observer chez un enfant :

▶ Voir **Abcès, Acné, Anthrax, Blessures, Bulles, Cicatrices, Dartres, Dermite, Eczéma, Érythème fessier, Folliculite, Herpès, Impétigo, Intertrigo, Leiner-Moussous (maladie de), Panaris, Parasites, Perlèche, Pityriasis rosé de Gibert, Prurigo strophulus, Prurit, Psoriasis, Soleil, Sudamina, Urticaire.**

▶ Voir aussi **Hygiène.**

Pelade

▶ Voir **Cheveux.**

Pellicules

▶ Voir **Cheveux.**

Pemphigus

▶ Voir **Bulles.**

Périonyxis

▶ Voir **Ongles.**

Péritonite

Le ventre en bois

Inflammation du péritoine, membrane qui tapisse la cavité abdominale, la péritonite se voit surtout comme complication d'une appendicite. Les principaux symptômes sont : douleur abdominale diffuse, ventre dur comme du bois, vomissements, fièvre, atteinte grave de l'état général.

Sans différer l'hospitalisation, qui est urgente, glisser sous la langue de l'enfant trois granules de :
PYROGENIUM 9 CH.

Perlèche

Inflammation du coin de la bouche

On parle de perlèche lorsque les commissures des lèvres

sont enflammées, voire fendues. Il peut s'agir d'une cause microbienne, d'une levure, d'un manque de vitamines. Donner à l'enfant :

GRAPHITES 9 CH,
trois granules trois fois par jour jusqu'à disparition.

Localement

Appliquer une ou deux fois par jour la pommade au CALENDULA.

Pertes blanches

Normales ou pas selon l'aspect

Les pertes blanches ou leucorrhées sont normales chez la fillette si elles sont claires et peu abondantes. En revanche, si elles sont abondantes, purulentes, épaisses, il faut consulter. En attendant, on peut commencer à donner trois granules de l'un des deux médicaments suivants, trois fois par jour :

- Pertes purulentes mais non irritantes,
  PULSATILLA 9 CH.
- Pertes irritantes,
  MERCURIUS SOLUBILIS 9 CH.

Ne pas négliger l'éventualité d'un corps étranger dans le vagin, à faire enlever au plus tôt.

Petit mal

▶ Voir **Épilepsie.**

Peurs

N'essayez pas de le raisonner

Si un enfant a une peur particulière, n'essayez pas de le raisonner, cela ne sert à rien sauf à fixer son trouble. Selon l'objet de sa peur, donnez-lui trois granules trois fois par jour, par petites périodes de dix jours, de l'un des médicaments suivants :

- Peur des animaux,
  BELLADONA 9 CH.
- Peur de l'avenir,
  CALCAREA CARBONICA 9 CH.
- Claustrophobie (peur d'être enfermé : ascenseur, toilettes, etc.),
  ARGENTUM NITRICUM 9 CH.
- Peur des hauteurs,
  ARGENTUM NITRICUM 9 CH.
- Peur de la maladie, du moindre « bobo »,
  PHOSPHORUS 9 CH.
- Peur de la mort (certains enfants arrivent à l'exprimer),
  ACONIT 9 CH.

- Peur du noir,
  STRAMONIUM 9 CH.

- Peur de l'orage,
  PHOSPHORUS 9 CH.

- Peur de tomber, peur des
  mouvements de descente,
  BORAX 9 CH.

- Peur dans un tunnel,
  STRAMONIUM 9 CH.

- Peur des voleurs (il regarde
  sous le lit, derrière les rideaux),
  NATRUM MURIATICUM
  9 CH.

▶ Voir également **Trac**.

Pharmacie homéopathique familiale

▶ Voir page 12.

Pharyngite

▶ Voir **Rhino-pharyngite**.

Phénylcétonurie

L'enzyme manquante

Il s'agit de l'intoxication du cerveau du nourrisson (un cas sur vingt mille naissances) par un acide aminé, la phénylala-nine, présent dans toutes les protéines de son alimentation.

La maladie est d'origine gé-nétique, transmise par les deux parents, eux-mêmes nor-maux, mais porteurs du gène responsable. Il y a alors ab-sence congénitale d'une en-zyme indispensable (la phé-nylalanine-hydroxylase), ce qui empêche la transformation de la phénylalanine en tyrosine. La première substance est toxique, la seconde ne l'est pas.

L'accumulation de phény-lalanine provoque des troubles nerveux et un retard mental qu'on remarque à partir du troisième mois, mais il est alors trop tard pour guérir le bébé.

Heureusement cela appar-tient au passé. Actuellement, on fait le diagnostic à temps et les troubles n'apparaissent pas. Un test très simple, le test de Guthrie, est fait systé-matiquement à la naissance dans toutes les maternités. Il permet de détecter la présence de phénylalanine dans le sang et d'établir précocement un régime strict où la phénylala-nine est réduite au minimum.

Le régime est établi par le pédiatre de façon à ne pas apporter plus de 25 mg par kilo de poids corporel et par jour. Il ne faut pas que la phénylalanine soit complète-ment absente car elle est indispensable à la croissance. Des contrôles sanguins périodiques sont nécessaires pour adapter le régime à chaque cas particulier. Le régime sera suivi pendant cinq ans environ et élargi par la suite à un moment où la phénylalanine ne sera plus dangereuse.

Ainsi a-t-on pu faire disparaître les conséquences de cette maladie (autrefois sévère et incurable), du moins dans les pays correctement médicalisés.

L'homéopathie n'interviendra que pour les maladies intercurrentes.

Phimosis

▶ Voir **Verge**.

Phlegmon

L'homéopathie évite les récidives

Inflammation du tissu conjonctif, entraînant une enflure de la gorge, qui risque de se transformer en abcès et peut s'accompagner de contracture des mâchoires. Il doit être soigné aussi précocement que possible par l'homéopathie, ce qui aura le double avantage de le faire

avorter et d'éviter les récidives (beaucoup plus fréquentes avec les antibiotiques et la cortisone).

Il est préférable de montrer l'enfant à un homéopathe. Si on ne peut pas, lui donner (sous surveillance médicale) :
HEPAR SULFURIS
CALCAREUM 9 CH,
trois granules de chaque toutes les deux heures, en alternant.

Pica

L'avaleur de terre

« Pica » est un terme médical qui désigne le fait de manger des substances indigestes : terre, charbon, craie, papier, etc. En général, l'enfant qui présente cette particularité choisit toujours le même produit, qui peut très bien être toxique. Lui donner plutôt :
CALCAREA CARBONICA
9 CH,
trois granules trois fois par jour, pendant quelques semaines.

Pieds déformés

Pieds déformés à la naissance

En cas de pied déformé à la naissance, comme le pied talus (le pied est ramené vers la jambe), ou plus fréquemment le pied bot varus équin, le metatarsus varus (seul l'avant-pied est déformé), le traitement orthopédique est indispensable. Le plus souvent, il faudra à l'enfant des manipulations douces du pied (simple kinésithérapie à visée réflexogène), des bandages, parfois des appareils de contention. La chirurgie est devenue exceptionnelle.

Dans tous les cas, donner à l'enfant pour tonifier sa musculature :

ARNICA 12 CH,
une dose par semaine, deux mois sur trois, pendant toute la durée des soins orthopédiques.

Dans les cas sévères au départ, il peut rester malgré tout une légère atrophie du mollet ou une discrète inégalité de longueur des membres inférieurs.

Pieds plats

Les pieds sont normalement plats jusqu'à l'âge de quatre ans. Cela est dû à la faiblesse naturelle des muscles qui se fortifieront progressivement avec la marche.

Les semelles orthopédiques sont inutiles et illusoires dans la plupart des cas, d'autant plus qu'elles ne musclent pas le pied, mais modèlent passi-vement la courbure manquante.

Au-delà de l'âge de quatre ans, il faut consulter:

Pied qui tourne en dedans

Cette déformation est également à négliger jusqu'à l'âge de cinq ans. La guérison spontanée est habituelle. Entretemps il y aura eu quelques chutes pendant la marche, sans gravité.

Piqûres

▶ Voir **Morsures et piqûres d'animaux**.

Pityriasis rosé de Gibert

Des médaillons roses

Maladie éruptive présentant l'aspect de taches roses et arrondies en forme de médaillon, évoluant par poussées. L'origine est inconnue. La guérison spontanée se fait en deux ou trois semaines. Elle peut être hâtée en donnant :

ARSENICUM ALBUM 9 CH,
trois granules trois fois par jour, jusqu'à disparition.

Pityriasis versicolor

▶ Voir **Parasites** (Champignons).

Plaies

▶ Voir **Blessures**.

Pleurésie

Du liquide autour d'un poumon

La pleurésie est l'inflammation de la plèvre (enveloppe séreuse qui entoure les poumons), avec épanchement liquidien. Elle est exceptionnelle actuellement. La cause en était autrefois l'infection (banale ou tuberculeuse). Principaux signes d'alarme : point de côté (chez le grand enfant), toux sèche et répétée, essoufflement, fièvre, fatigabilité. Le médecin perçoit une matité derrière les côtes. Il demande une radiographie qui confirme le diagnostic. Il fait éventuellement une ponction du liquide.

Le traitement homéopathique est possible, mais il faut consulter. BRYONIA est le médicament le plus souvent nécessaire.

Pleurnichard

▶ Voir **Comportement**.

Pneumonie, pneumopathie

▶ Voir **Broncho-pneumopathies**.

Poids

▶ Voir **Maigreur**, **Obésité**.

Point de côté

Un « truc » efficace

Faire ramasser un caillou à l'enfant sans qu'il plie les genoux (ou lui faire mimer ce geste) ; ensuite il se redresse ; puis il repose le caillou au même endroit, ou fait semblant : le point de côté a disparu. On peut aussi lui faire prendre :

CEANOTHUS 5 CH,
trois granules à répéter de deux en deux minutes, jusqu'à cessation de la douleur.

Poliomyélite

La « paralysie infantile »

Tel est l'ancien nom de la poliomyélite responsable de paralysies irréversibles. Il y a également des troubles respiratoires.

Le vaccin buccal est très efficace et cette maladie ne devrait plus se voir.

L'homéopathie est active au stade grippal du début, c'est-à-dire au moment où le diagnostic n'est pas encore possible (GELSEMIUM est alors le médicament). Il n'y a pas de traitement du stade paralytique. Tout enfant doit donc être vacciné.

Pollens

▶ Voir **Rhume des foins**.

Pollutions nocturnes

▶ Voir **Sexuels** (Problèmes).

Polyarthrite rhumatoïde

▶ Voir **Rhumatismes**.

Polypes

Priorité au traitement de fond

Tumeur bénigne des muqueuses, les polypes peuvent se développer n'importe où : nez, gorge, sinus, intestins,

vessie... La tendance actuelle est de les enlever. L'homéopathe accepte ce principe à condition d'adjoindre un traitement de fond afin d'éviter les récidives. Consulter.

A noter cependant que les polypes du larynx disparaissent le plus souvent sans intervention avec :

PHOSPHORUS 9 CH,
trois granules trois fois par jour, jusqu'à disparition, sous contrôle d'un oto-rhino-laryngologiste.

Pott (Mal de)

Un abcès tuberculeux

Il s'agit d'un abcès tuberculeux de la colonne vertébrale, qui peut appuyer sur la moelle épinière et provoquer des troubles neurologiques. Cette affection est très rare actuellement.

Le traitement doit être avant tout à base d'antibiotiques antituberculeux. L'homéopathie (avec en particulier SILICEA) sera un traitement complémentaire.

Pouce (Suce son)

▶ Voir **Comportement**.

Poux

▶ Voir **Parasites**.

Précipité

▶ Voir **Comportement**.

Prématuré

Moins de trente-sept semaines de grossesse

La définition actuellement admise du prématuré est celle d'un enfant né avant la trente-septième semaine révolue de grossesse. Cela concerne 6 p. 100 des naissances.

Parfois on connaît la cause : maladie de la mère pendant la grossesse (infections en particulier), accouchement prématuré par anomalie utérine, placenta mal placé ou décollé prématurément, béance du col utérin, grossesse gémellaire, surmenage de la mère, mère adolescente, décision médicale de déclencher l'accouchement. Mais dans la moitié des cas aucune cause n'est retrouvée.

Le service de néo-natologie

Les enfants prématurés posent des problèmes de réchauffement, d'oxygénation, de lutte anti-infectieuse, d'alimentation, car beaucoup de leurs organes sont immatures. Les soins qu'ils nécessitent diffè-rent de ceux donnés au nouveau-né normal. Ils sont pris en charge dans des services spécialisés et placés en incubateur (couveuse). Ils sont ainsi sous surveillance permanente.

Si le service de néo-natologie l'accepte, on peut donner à l'enfant :
CARBO VEGETABILIS
5 CH,
un granule deux fois par jour pendant dix jours.

Il n'y a aucun problème de prise du médicament. On peut glisser le granule sous la langue. Pour se rassurer on peut le faire fondre dans un peu d'eau, ou l'écraser.

Alimentation

Si le poids de l'enfant le permet, on encourage actuellement la mère à allaiter. Le lait est prélevé puis administré par sonde de gavage car l'enfant ne peut téter ; on ajoute du phosphore et des protéines.

L'arrivée à la maison

On tire d'affaire beaucoup de prématurés et le pronostic à long terme est excellent. Évidemment l'hospitalisation d'emblée retarde l'intégration du prématuré dans le milieu familial. Il y arrive lorsqu'il pèse 2 300 grammes. Il a encore besoin d'une surveillance particulière.

Si la mère a pu allaiter son enfant dans le service de néonatologie, elle continue en donnant le sein.

L'alimentation artificielle, elle, se fait avec des laits riches en protéines, en graisses et en sucres spéciaux. Il faut peser l'enfant tous les jours mais en calculant la moyenne sur une semaine. Il faut beaucoup s'occuper du prématuré, le stimuler pour qu'il se développe harmonieusement.

Consulter le médecin si l'enfant :

– garde les mains fermées après trois mois ;
– rejette la tête en arrière ;
– présente une asymétrie dans ses mouvements (un côté remue plus que l'autre) ;
– s'il tombe toujours du même côté quand on le met assis.

Prépuce

▶ Voir **Verge**.

Primo-infection

Il vire sa cuti

Lorsque le bacille de la tuberculose (le bacille de Koch) pénètre pour la première fois dans l'organisme de l'enfant non vacciné, il se produit une lésion pulmonaire minime, habituellement sans suite : c'est la primo-infection. Il peut y avoir un peu de fièvre, de la fatigue, une baisse de l'appétit, un léger amaigrissement, un ganglion visible à la radiographie pulmonaire.

Parfois la primo-infection passe inaperçue. En soi ce n'est pas grave, mais il est d'usage de donner à l'enfant des antibiotiques antituberculeux. Avec l'homéopathie ce n'est pas nécessaire. Un simple traitement de fond conduit par un homéopathe (DROSERA, TUBERCULINUM sont les médicaments les plus indiqués) suffira.

▶ Voir aussi **Tuberculose**, **Tuberculino-réaction**, **Vaccination**.

Prolapsus rectal

▶ Voir **Anus**.

Pronation douloureuse du coude

▶ Voir **Coude**.

Prurigo strophulus
Comme des piqûres de puces

Il s'agit de petites papules de teinte rosée, avec au centre une minuscule vésicule, qu'on trouve sur différentes parties du corps excepté la face, et qui démangent (d'où parfois des lésions de grattage surinfectées). Elles ressemblent à des piqûres de puces. Il peut y avoir plusieurs poussées successives.

C'est une maladie bénigne, que l'on voit surtout chez l'enfant de trois à cinq ans. On n'en connaît pas la cause exacte. On pense actuellement à une réaction allergique à des piqûres d'insectes sans en être tout à fait certain. Donner :

PULEX IRRITANS 5 CH,
trois granules trois fois par jour, jusqu'à guérison.

Localement

Appliquer deux fois par jour de la crème au CALENDULA.

Prurit
En cas de démangeaison sans cause

Si un enfant se plaint de démangeaison et qu'on ne retrouve pas de cause évidente (eczéma, urticaire, prurigo strophulus, varicelle : voir ces mots), lui donner :

DOLICHOS PRURIENS
9 CH,
trois granules trois fois par jour, jusqu'à amélioration.

Localement

Saupoudrer sur les parties prurigineuses du talc au CALENDULA. Consulter en cas de persistance.

Psoriasis
Ce n'est pas un eczéma

Le psoriasis est une affection désespérante par sa chronicité et son origine inconnue. Il s'agit d'une éruption squameuse, souvent en taches rondes et rouges, siégeant de façon caractéristique au cuir chevelu, au pli du coude, au creux du genou. Il y a peu de démangeaisons. L'évolution se fait par poussées successives. Les ongles sont piquetés de trous plus petits que des têtes d'épingles.

Il s'agit toujours de sujets prédisposés, nés avec des modifications biologiques par rapport à la norme. C'est souvent après un choc émotif que se déclenche la première poussée.

L'homéopathie le plus tôt possible

Il faut consulter un homéopathe dès la première poussée. L'homéopathie est très efficace dans les premiers mois de l'éruption, surtout si on n'a pas appliqué de pommade à la cortisone. Celle-ci a un effet spectaculaire mais le psoriasis ressort dès que l'on cesse de l'utiliser et le traitement devient plus difficile.

Les enfants peuvent être sujets au psoriasis. En attendant la consultation, on peut commencer à donner :

PSORINUM 9 CH,
ARSENICUM ALBUM 9 CH,
SEPIA 9 CH,
trois granules de chaque trois fois par jour.

N'appliquer aucune pommade. Exposer l'enfant au soleil avec les précautions d'usage.

Psychose

Perte de contact avec le réel

Trouble grave du comportement au cours duquel le sujet vit dans son propre monde. Le contact avec autrui est perturbé ou absent. On distingue essentiellement :

– *L'autisme*, qui peut débuter dès l'âge de trois mois ; l'enfant est apathique, replié sur lui-même, en état d'indifférence affective (il ne manifeste aucune émo-

tion) ; à l'âge de la parole, celle-ci n'apparaît pas ou est très pauvre ; l'enfant ne s'intéresse pas aux personnes mais seulement aux objets, qu'il manipule sans cesse.

– *La schizophrénie* apparaît plus tardivement, généralement après la puberté (chez l'adolescent on l'appelle aussi hébéphrénie).

En principe l'homéopathie est inopérante dans ces cas, mais il est intéressant de consulter un homéopathe dans les formes débutantes et dans celles dites « limites ». Il y aura une amélioration, au moins pour un temps.

Psychosomatiques (Troubles)

Troubles physiques d'origine psychique

Il s'agit de troubles physiques nés après une émotion ou des soucis, en quelque sorte la forme majeure et à expression corporelle de l'angoisse.

La volonté ne peut faire cesser les troubles. Ne grondez pas votre enfant, ne lui demandez pas de se ressaisir : consultez un homéopathe.

Psychothérapie

A réserver aux cas sérieux

La psychothérapie sera réservée aux cas très sérieux, si par exemple l'homéopathie échoue et que les symptômes nerveux sont particulièrement marqués, dominant la vie de l'enfant, ou perturbant gravement le milieu familial. En effet, la psychothérapie peut amener l'enfant à se poser plus de questions qu'à en résoudre.

Puberté

Entre deux âges

La puberté n'est pas seulement une période de modifications sexuelles, d'apparition des caractères sexuels secondaires : c'est l'époque où de profondes transformations physiques, affectives et intellectuelles se produisent. C'est l'aube de la maturité.

Les joies de l'enfance s'estompent. La gravité de la période adulte se profile à l'horizon. C'est le malaise des années entre deux âges. Comment aider l'adolescent dans cette période somme toute difficile ?

La puberté normale

Chez la fille, l'âge moyen de la puberté se situe entre dix et douze ans. Le premier signe en est le gonflement des mamelons, bientôt suivi de celui des glandes mammaires. Puis vient la pilosité pubienne. Les grandes et petites lèvres s'hypertrophient, la muqueuse vaginale se modifie, l'utérus grossit. Le bassin s'élargit. Les premières règles arrivent.

Chez le garçon, la puberté normale débute un peu plus tard, en moyenne vers l'âge de treize ans. La taille subit des poussées soudaines. Les testicules et la verge augmentent de taille et de volume. La pilosité se développe. A noter parfois un léger gonflement des seins pour lequel il ne faut rien faire, et qui passera tout seul.

La puberté précoce

Exceptionnellement, entre huit et dix ans, la puberté peut se déclencher sans qu'il s'agisse d'un cas pathologique (surtout chez la fille). De toute manière il est préférable de consulter. Le médecin surveillera la croissance (point capital car il faut éviter qu'elle ne se termine trop vite et que la taille future ne s'en ressente) et demandera dans de rares cas des dosages hormonaux.

Le retard pubertaire

La puberté peut être tardive sans qu'il y ait, là non plus, un caractère pathologique. C'est une sorte de «puberté physiologique différée». Consulter seulement si la puberté n'est pas déclenchée à seize ans. Donner en attendant :

PULSATILLA 9 CH,
trois granules trois fois par jour, vingt jours par mois, jusqu'au déclenchement.

Les problèmes psychologiques

La personnalité change, en tout cas s'affirme. Exaltation et révolte, recherche d'un absolu et d'une identité propre, contestation sont de règle.

Un adolescent peut être aidé par l'homéopathie si ses difficultés perturbent de façon importante sa vie personnelle ou celle de sa famille. Demander un traitement de fond au médecin homéopathe.

Voici quelques conseils en attendant la consultation (en sachant qu'à la période pubertaire les jeunes gens suivent mal leur traitement). Donner trois granules trois fois par jour de l'un des médicaments suivants :

- Si l'adolescent pleure pour un rien,
  PULSATILLA 9 CH.
- S'il est agressif,
  STAPHYSAGRIA 9 CH.
- S'il est exubérant,
  PLATINA 9 CH.
- S'il devient très timide,
  SILICEA 9 CH.
- S'il se replie sur lui-même, devient sauvage, peu communicatif,
  NATRUM MURIATICUM 9 CH.
- S'il est très fatigué par une brusque poussée de croissance,
  CALCAREA PHOSPHORICA 9 CH.

Anomalies des règles

- Retard à l'apparition des premières règles,
  PULSATILLA 9 CH,
  trois granules trois fois par jour, vingt jours par mois, pendant quelques mois.
  Consultez au-delà de seize ans.
- Règles irrégulières ; si les premières règles sont irrégulières, ne rien faire ; si cela dure plus de six mois, donner :
  PULSATILLA 9 CH,
  trois granules trois fois par jour, vingt jours par mois, pendant quelques mois.

- Règles douloureuses ; donner en période menstruelle :
BELLADONA 9 CH,
MAGNESIA
PHOSPHORICA 9 CH,
trois granules trois fois par jour.
Consulter si ce traitement ne réussit pas.
- Hémorragies menstruelles,
CHINA RUBRA 9 CH,
HELONIAS 9 CH,
trois granules trois fois par jour de chaque, en période menstruelle.

Les seins

- Seins asymétriques : la pousse des seins est souvent asymétrique ; ne rien faire, cela se régularise tout seul.
- Lait dans les seins à la puberté : anomalie sans gravité. Donner :
PULSATILLA 9 CH,
trois granules trois fois par jour, pendant deux mois.

La contraception

Il ne faut pas oublier d'aborder avec les adolescents le problème de la contraception, d'autant plus qu'actuellement l'âge des premiers rapports sexuels s'abaisse.

La seule contraception possible semble être la « pilule », qui bien sûr n'est pas appréciée de l'homéopathe en raison de son côté artificiel, mais il est difficile de recommander une autre méthode. Son inconvénient majeur est la nécessité de sa prise régulière par une adolescente qui aura peut-être des rapports amoureux occasionnels. Dans ce cas, on peut discuter l'éventualité du gel spermicide.

La grossesse des adolescentes

Heureusement rare, la grossesse en elle-même se passe bien dans la plupart des cas. Il faut simplement que le régime de la future mère soit riche en protéines (elle en a besoin autant pour elle-même que pour son enfant).

Le problème que l'on rencontre parfois est que l'adolescente cache sa grossesse le plus longtemps possible et n'est pas médicalement surveillée.

L'accouchement se fait sans problèmes. Il n'y a pas de risque particulier en dehors d'une certaine tendance à mettre au monde un enfant prématuré (voir ce mot), deux fois plus que chez la mère adulte.

L'attitude de l'entourage est capitale : il faut prodiguer beaucoup de tendresse et d'affection à la jeune mère, la pousser à continuer ses études (la loi oblige les établissements scolaires à accepter les élèves enceintes). Le mariage et l'IVG se discutent cas par cas.

Le médecin homéopathe aura également son mot à dire, son traitement à proposer pour que tout se passe bien, quelles que soient les circonstances.

▶ Voir aussi **Acné**, **Alcool**, **Anorexie mentale**, **Colonne vertébrale**, **Drogue**, **Pertes blanches**, **Sexuels** (Problèmes).

Puces

▶ Voir **Morsures et piqûres d'animaux**.

Purpura

Un piqueté hémorragique

Le purpura est un piqueté hémorragique de la peau, souvent bénin, mais pour lequel il vaut mieux montrer d'urgence l'enfant au médecin traitant. Il peut s'agir d'une maladie du sang, d'une infection des méninges, d'un « purpura rhumatoïde » qui est une forme d'allergie.

En allant chez le médecin, glisser dans la bouche de l'enfant (quel que soit son âge) trois granules de :

PHOSPHORUS 9 CH.

Pyélonéphrite

▶ Voir **Urinaire** (Infection).

Pylore

▶ Voir **Sténose**.

Quincke (Œdème de)

▶ Voir **Lèvres**.

r

Rachitisme

Une carence en vitamine D

Le rachitisme est dû à une carence en vitamine D, laquelle régularise l'équilibre phospho-calcique et la minéralisation des os. Cette vitamine est notamment fabriquée par la peau, sous l'influence des rayons ultraviolets du soleil. Elle est, pour une partie, fournie par les aliments (jaune d'œuf en particulier).

Les principaux symptômes

On les rencontre surtout chez le petit enfant entre six et dixhuit mois. Ce sont :
- les déformations osseuses ; retard à la fermeture des fontanelles, élargissement des poignets, des côtes, des chevilles, creux dans le sternum, déformation des genoux, jambes arquées (en « parenthèses ») ;
- les muscles sont mous, manquent de tonus, les ligaments sont hyperlaxes ;
- les dents sortent en retard ;
- il y a quelques troubles digestifs, un ballonnement du ventre ;
- une anémie, éventuellement une tendance à la spasmophilie.

Le rôle bénéfique du soleil

Le meilleur traitement du rachitisme est préventif : alimentation maternelle du nourrisson et exposition à la lumière du soleil (avec les précautions d'usage).

Certains sont partisans d'administrer systématiquement de la vitamine D à titre préventif. Cela n'est pas nécessaire pour un enfant suivi régulièrement par un homéopathe et qui reçoit un traitement de terrain. Exceptionnellement, une ampoule à l'entrée de l'hiver chez un petit citadin peut être nécessaire.

Traitement homéopathique

Si le rachitisme est déjà constitué, le mieux est de consulter un médecin homéopathe. En attendant, on peut commencer à donner :

CALCAREA
PHOSPHORICA 6 DH,
SILICEA 6 DH,
deux comprimés de chaque deux fois par jour.

Rage

Transmise par la salive

Infection virale mortelle si elle n'est pas diagnostiquée à temps, la rage touche le système nerveux central, et particulièrement le cerveau.

Elle peut venir de la morsure d'un animal infecté, sauvage ou domestique (si celui-ci a lui-même été mordu), la transmission se faisant par la salive. Il faut savoir que si un animal enragé lèche une plaie anodine la rage peut survenir. Les animaux familiers doivent être systématiquement vaccinés.

Les principaux symptômes de la rage sont : agitation, difficultés pour avaler, panique à la vue de l'eau (l'ancien nom de la rage était « hydrophobie »). Lorsque ces signes apparaissent, il est trop tard. Il faut donc faire un traitement par sérum antirabique au moindre doute, tandis que l'animal responsable, s'il est connu, est mis en observation ou abattu.

Rate

Une grosse rate

Lorsque le médecin découvre une grosse rate, il demande des examens complémentaires pour en déterminer la cause (infectieuse, parasitaire, sanguine, etc.).

En attendant le diagnostic, on peut toujours donner à l'enfant (quel que soit l'âge) :

CEANOTHUS 5 CH,
trois granules trois fois par jour.

Rectum

▶ Voir **Anus** (prolapsus rectal).

Reflux vésico-urétéral

▶ Voir **Urinaire** (Infection).

Régime

Régime en cas de fièvre

Autrefois, tout enfant fiévreux était mis à la diète. Cette pratique est illogique. Ce n'est pas en affamant un enfant qu'on l'aide à se défendre contre un agent infectieux. Bien sûr, il faut lui donner des aliments simples : bouillie (chez le bébé), purée, jambon maigre, riz, carottes (surtout en cas de diarrhée), fruits cuits. Des boissons seront offertes à volonté.

Régime au long cours

Le régime pour une maladie chronique sera établi par le médecin, mais cela est rarement nécessaire chez l'enfant.

▶ Voir aussi **Alimentation**.

Règles

▶ Voir **Puberté**.

Régurgitations

▶ Voir Mérycisme.

Renifle constamment

▶ Voir **Rhume, Tics**.

Renvois, Rots

▶ Voir **Alimentation** (incidents de la tétée), **Éructations**.

Respiratoires
(Troubles)

▶ Voir **Asphyxie, Asthme, Bronchiolite, Bronchite, Broncho-pneumopathies, Dilatation des bronches, Laryngite, Pleurésie, Rhino-pharyngite, Rhume, Rhume des foins,** **Toux, Tuberculose, Végétations adénoïdes.**

Retard
Le développement psychomoteur du nourrisson

Tout est relatif dans le développement de l'enfant. Par rapport aux diverses moyennes, chaque enfant est en avance dans un domaine et légèrement en retard dans un autre. Il ne faut s'inquiéter que si les écarts sont importants, ou s'inscrivent dans un ensemble de troubles généraux.

A quel âge ?

Il suit un objet du regard : entre un et trois mois.

Le premier sourire : vers deux mois.

Il reste assis sans soutien : entre sept et neuf mois.

Il crie pour attirer l'attention : vers huit mois.

Il dit papa ou maman : vers neuf mois.

Il s'assoit seul : vers dix mois.

Il marche à quatre pattes : vers dix mois.

Il se met debout avec appui : vers dix mois.

Il fait quelques pas en étant tenu : vers douze mois.

Il marche seul : vers quatorze mois.

● Si tout cela tarde un peu, donner à l'enfant :
CALCAREA CARBONICA 9 CH,
trois granules trois fois par jour, vingt jours par mois, pendant trois mois.

● S'il tombe facilement :
CAUSTICUM 9 CH,
trois granules trois fois par jour, vingt jours par mois, pendant trois mois.

▶ Voir aussi **Langage**.

La dentition

Les premières dents apparaissent vers l'âge de six mois. Si elles tardent un peu, donner :
CALCAREA CARBONICA 9 CH,
SILICEA 9 CH,
trois granules de chaque trois fois par jour, vingt jours par mois, pendant trois mois.

La croissance : la taille et le poids

Voici un tableau correspondant à des moyennes acceptables :

	Taille (en cm)	Poids (en kg)
Naissance...	50	3,500
1 an.......	75	10
4 ans......	105	16
7 ans......	120	22
10 ans.....	135	29
14 ans.....	155	45

En cas de simple retard de croissance (moins de 15 p. 100 de différence avec les chiffres ci-dessus), se contenter de :
CALCAREA CARBONICA 9 CH,
SILICEA 9 CH,
trois granules de chaque trois fois par jour, vingt jours par mois, pendant six mois.

En cas de retard plus important : consulter. Le médecin demandera des radiographies pour déterminer l'âge osseux, seul critère objectif. Les glandes sont peut-être en cause (hypophyse, thyroïde) et c'est en consultant à temps qu'on évitera certains cas de nanisme (autrefois incurables).

▶ Voir aussi **Fontanelles**.

Le retard affectif

Un enfant privé d'affection, ou bien, c'est le cas le plus fréquent, qui se croit mal aimé, peut avoir un retard affectif qui le fera (à tort) prendre pour un enfant retardé sur le plan mental.

Si votre enfant vous demande : « Est-ce que tu m'aimes ? », dites « Oui » et prouvez-le. S'il le demande trop souvent, n'est jamais satisfait des marques d'affection que vous lui prodiguez, donnez-lui en complément :
PULSATILLA 9 CH,

trois granules trois fois par jour, vingt jours par mois, pendant quelques mois.

Si votre enfant ne demande pas d'affection, semble secret, repousse les caresses alors que vous percevez qu'au fond de lui-même c'est un sentimental, donnez plutôt :

NATRUM MURIATICUM 9 CH,

trois granules trois fois par jour, vingt jours par mois, pendant quelques mois.

Le retard mental

L'insuffisance de développement des facultés intellectuelles s'estime en fonction du test appelé *quotient intellectuel* (Q.I.) qui est normalement (mais est-ce que la norme peut se quantifier ?) de 100.

Les causes de retard intellectuel sont variables : atteinte du système nerveux pendant la grossesse (rubéole, toxoplasmose), séquelles de prématurité, de jaunisse ou de défaut d'oxygénation au moment de la naissance, malformations, troubles vasculaires, trisomie 21 (voir ce mot), phénylcétonurie (voir ce mot).

Un médecin homéopathe pourra aider un enfant inadapté, atteint d'un retard mental. BARYTA CARBONICA, BUFO sont parmi les médicaments les plus fréquemment indiqués.

▶ Voir aussi **Puberté** (retard de la puberté, retard du développement génital), **École** (retard scolaire).

Rêves

▶ Voir **Sommeil**.

Rhinite

▶ Voir **Rhino-pharyngite**, **Rhume**.

Rhino-pharyngite

L'infection numéro 1 de l'enfant

La rhino-pharyngite est l'inflammation des voies aériennes supérieures : nez, arrière-gorge (ou pharynx). C'est la première région à subir l'assaut des microbes et surtout des virus (neuf fois sur dix) ; c'est pourquoi la rhino-pharyngite est la principale infection de l'enfant. Elle est l'équivalent du rhume chez le grand enfant et l'adulte.

La rhino-pharyngite est nécessaire, elle est pour l'enfant l'occasion de se constituer un équipement immunitaire et de se défendre contre l'infection.

Lorsque la rhino-pharyngite ne prend pas par elle-même des proportions gênantes, elle peut être considérée comme une maladie qui rend service. D'où l'intérêt de ne pas la « casser » avec des antibiotiques (par ailleurs inutiles puisque, nous l'avons vu, l'infection est le plus souvent virale).

Principaux symptômes

On pense à la rhino-pharyngite devant la survenue brusque d'un écoulement clair, puis jaune (par les narines et dans l'arrière-gorge), d'une toux légère, de douleurs dans l'arrière-gorge (le bébé a du mal à téter, le grand enfant se plaint), une fièvre entre 38 et 40 °C, parfois quelques douleurs de ventre.

Traitement homéopathique de la crise

Choisir dans la liste qui suit un ou deux (voire trois) médicaments, à donner trois fois par jour (en alternance si l'on en donne plus d'un) jusqu'à guérison.

- Fièvre élevée,
  BELLADONA 9 CH.
- Écoulement irritant la lèvre supérieure,
  ARSENICUM IODATUM 9 CH.
- Écoulement jaune verdâtre et filant,
  KALIUM BICHROMICUM 9 CH.
- Croûtes dans le nez,
  KALIUM BICHROMICUM 9 CH.
- Écoulement aqueux virant au jaune,
  PULSATILLA 9 CH.
- Haleine fétide,
  MERCURIUS SOLUBILIS 9 CH.
- Nez bouché et qui coule en même temps,
  NUX VOMICA 9 CH.
- Rhino-pharyngite compliquée d'otite,
  AGRAPHIS NUTANS 5 CH.

Localement

Mettre du sérum physiologique (une ampoule ne doit servir qu'un jour : faire bouillir le flacon et changer le liquide tous les matins). Ne pas mettre de gouttes du commerce, surtout si elles contiennent du camphre (lire l'étiquette).

Rhino-pharyngites à répétition

C'est un des domaines où l'homéopathie est très appréciée. Le traitement de terrain (prescrit par un médecin) évite la rechute de quinze en quinze jours de la même rhino-pharyngite mal guérie.

De toute façon, tout rentre dans l'ordre vers l'âge de sept ans, mais avec l'homéopathie on écourte l'évolution. L'enfant gardera éventuellement, malgré le traitement de fond, un écoulement périodique incolore et sans fièvre, auquel on n'attachera pas plus d'importance qu'il ne mérite.

Il ne sera pas utile de faire enlever les végétations (voir ce mot), car le traitement homéopathique protégera l'enfant contre les otites, complication habituelle des rhino-pharyngites à répétition.

De même, les cures thermales ne sont pas indispensables du fait de l'efficacité de l'homéopathie.

L'attitude des parents

Il s'agit d'une affection bénigne et bien contrôlée par l'homéopathie. Les parents doivent donc soigner la rhino-pharyngite de leur enfant sans anxiété inutile. Leur inquiétude pourrait être à l'origine de certaines rechutes. En outre, ils veilleront à ce que l'enfant prenne l'air le plus souvent possible (avec les précautions d'usage). Si l'atmosphère est très polluée, il faudra l'emmener à la campagne aussi souvent que possible. L'enfant ne doit pas rester enfermé tout l'hiver sous prétexte qu'il risque de prendre froid. De plus il faut humidifier sa chambre et le scolariser normalement malgré la promiscuité des petits camarades qui abritent forcément des microbes dans leur rhino-pharynx.

Rhumatismes

Le rhumatisme inflammatoire

Le rhumatisme est une atteinte des articulations et des parties molles qui les entourent. En résumant, on distingue deux grandes catégories de rhumatismes :
– les rhumatismes dégénératifs (ou arthrose) où il y a un remaniement du cartilage des articulations, et qui atteint surtout l'adulte ;
– les rhumatismes inflammatoires (ou arthrite) qui touchent les séreuses (membranes qui tapissent l'intérieur des articulations) et les muscles.

C'est à cette dernière catégorie qu'appartiennent les rhumatismes de l'enfant.

Le rhumatisme articulaire aigu

Le plus connu est le rhumatisme articulaire aigu, ou

maladie de Bouillaud, autrefois fréquent et dangereux, actuellement très rare. Il survenait dans les suites d'une angine mal soignée ou passée inaperçue. Les principales articulations gonflaient, devenaient rouges et chaudes, douloureuses, les unes après les autres. Il y avait également des signes biologiques : augmentation de la vitesse de sédimentation, des antistreptolysines (les anticorps luttant contre le microbe responsable, le streptocoque), du fibrinogène. Le risque était celui d'une atteinte cardiaque ou rénale. Il avait également des signes biologiques. Le traitement homéopathique était possible mais réservé au cas où le médecin était vraiment sûr d'avoir bien sélectionné son traitement.

La mono-arthrite à streptocoque

Actuellement, on voit avant tout des mono-arthrites à streptocoque, atteinte inflammatoire d'une seule articulation avec à peu près le même profil biologique que dans le rhumatisme articulaire aigu, mais de pronostic beaucoup moins sévère.

Le traitement homéopathique est possible. Consulter.

La polyarthrite rhumatoïde de l'enfant

La polyarthrite rhumatoïde de l'enfant, ou maladie de Still, est une affection chronique ou à rechutes. Plusieurs articulations sont touchées de façon plus ou moins symétrique pendant quelques semaines. Elles sont gonflées et douloureuses. Il y a de la fièvre, de la fatigue, parfois des ganglions, une grosse rate et une inflammation de l'iris. Les radiographies et les analyses sanguines (Waaler-Rose, test au latex) aident le médecin à faire son diagnostic. Les formes sévères sont rares.

Les allopathes évitent les dérivés de la cortisone qui sont très actifs sur la douleur mais peuvent favoriser les récidives et avoir des retentissements sur la croissance. Ils se contentent de prescrire de l'aspirine ou d'autres anti-inflammatoires.

Les homéopathes donnent un traitement de fond très efficace à condition de consulter dès le début de la maladie.

La kinésithérapie douce sera un bon adjuvant pour éviter les ankyloses.

Rhume

Plutôt le grand enfant

Le petit enfant est victime de rhino-pharyngites (voir ce mot). Le grand enfant (au-delà de cinq-sept ans) aura plutôt, comme l'adulte, des rhumes, avec écoulement nasal, tête lourde (d'où le nom populaire de rhume de cerveau), mal de tête, toux, fièvre, fatigue passagère. Il s'agit d'une maladie à virus survenant après un coup de froid.

Une recette

Au moindre coup de froid, sans attendre les premiers symptômes, donner à l'enfant :
OSCILLOCOCCINUM 200, une dose dès que possible.
ACONIT COMPOSÉ, trois granules toutes les heures jusqu'à guérison, après avoir donné la dose ci-dessus.

Si le rhume est installé

Dans ce cas donner trois granules trois fois par jour d'un (ou plusieurs) des médicaments suivants.

- L'écoulement est comme de l'eau,
  ALLIUM CEPA 9 CH.
- L'écoulement est jaune ver-dâtre,
  KALIUM BICHROMICUM 9 CH.
- Il y a des croûtes dans le nez,
  KALIUM BICHROMICUM 9 CH.
- L'écoulement est jaune et irrite la lèvre supérieure,
  MERCURIUS SOLUBILIS 9 CH.
- L'enfant éternue fréquemment,
  NUX VOMICA 9 CH.
- Le nez est bouché la nuit et coule le jour,
  NUX VOMICA 9 CH.
- L'écoulement est jaune ou vire de l'incolore au jaune, sans irriter,
  PULSATILLA 9 CH.
- En cas de perte du goût et de l'odorat pendant le rhume,
  PULSATILLA 9 CH.
- Le nez est bouché et sec,
  SAMBUCUS NIGRA 9 CH.
- L'enfant renifle constamment,
  SAMBUCUS NIGRA 9 CH.

Localement

Utiliser exclusivement du sérum physiologique (en changeant l'ampoule tous les jours). Pas de gouttes du commerce, surtout si elles contiennent du camphre (antidote des médicaments homéopathiques).

Rhume des foins

Une « infirmité » saisonnière

Il s'agit d'un rhume allergique. Les enfants à partir de deux ans peuvent en être atteints, mais le plus souvent il ne commence qu'à l'adolescence.

Si ce rhume allergique dure toute l'année, on parle plutôt de coryza spasmodique. S'il se manifeste lorsqu'il y a des pollens, on parle plutôt de rhume des foins, alors que ceux-ci ne sont pas spécialement en cause. En fait, il s'agit d'une allergie aux pollens de graminées (pâturin, dactyle, etc.) qui se trouvent dans l'air et sont dispersés par le vent en mai et juin. Il y a aussi des pollens plus précoces (fin mars, début avril) et plus tardifs (septembre, où sévit l'ambrosia).

Les symptômes

Les principaux symptômes sont : rhinite avec éternuements en salves, nez bouché, écoulement nasal incolore ; conjonctivite avec yeux rouges, larmoyants, qui démangent, et paupières enflées ; parfois démangeaison du voile du palais, de la gorge ou des oreilles ; toux de trachéite ; parfois asthme (complication de 20 p. 100 des rhumes des foins, l'enfant ne faisant ses crises qu'au moment des pollens) ; fatigue générale.

L'importance des symptômes dépend des conditions météorologiques : la pluie atténue le phénomène, le soleil et le vent l'accentuent.

Le rhume des foins est d'autant plus pénible qu'il se situe à la période des examens.

La solution homéopathique

Donner systématiquement :
POLLENS 9 CH,
ARSENICUM ALBUM 9 CH,
SABADILLA 9 CH,
trois granules de chaque trois fois par jour, pendant toute la durée des pollens.

Ajouter selon les symptômes (trois granules trois fois par jour tant qu'ils durent) :
- Les yeux de l'enfant sont irrités,
  APIS 9 CH.
- Il a des éternuements,
  NUX VOMICA 9 CH.
- Il a de l'asthme,
  IPECA 9 CH.

Localement

Une goutte dans chaque œil de collyre au CINERARIA avant de sortir (éventuellement lui mettre des lunettes de soleil), pommade au CALENDULA dans les narines avant de sortir.

Le traitement de fond

Le traitement ci-dessus réussira dans les cas récents. Dans les cas plus anciens, il est préférable de consulter (en février) pour que l'enfant reçoive un traitement de fond personnalisé.

Avec un traitement bien conduit, la désensibilisation spécifique aux pollens n'est pas nécessaire.

Ronflement

Traiter la rhino-pharyngite

Le ronflement nocturne de l'enfant est principalement dû à la présence de végétations adénoïdes (voir ce mot) dans l'arrière-gorge, responsables de rhino-pharyngites (voir ce mot) plus ou moins chroniques. Le meilleur traitement est l'homéopathie. Consulter.

La cloison nasale

Exceptionnellement, il y aura une petite anomalie de la cloison nasale ; il ne faut pas la faire corriger par le chirurgien : lorsque l'enfant grandira, elle s'atténuera d'elle-même.

En période de ronflement, donner à l'enfant :
OPIUM 9 CH,
trois granules chaque soir au coucher.

Ronge ses ongles

▶ Voir **Comportement** (ongles).

Roséole infantile

La sixième maladie

Encore appelée sixième maladie ou exanthème subit, la roséole infantile est une maladie virale bénigne du nourrisson âgé de six mois à deux ans. Elle ressemble à la rubéole mais est due à un virus différent.

Après trois jours d'une fièvre généralement bien supportée et qui ne dit pas encore sur quoi elle va déboucher, apparaît une éruption rose pâle, très fugace (quelques heures), puis la fièvre disparaît.

Si l'on est sûr du diagnostic, donner :
PULSATILLA 9 CH,
trois granules trois fois par jour, pendant trois jours.

Cette maladie est assez proche de la cinquième maladie (voir ce mot).

Rots

▶ Voir **Alimentation** (incidents de la tétée), **Éructations**.

Rougeole

Bénigne en Europe

Maladie virale bénigne chez les petits Européens en bonne santé, la rougeole est sérieuse dans certains pays d'Afrique. C'est une maladie très répandue. L'incubation dure d'une à deux semaines pendant lesquelles elle n'est pas contagieuse (sauf vers la fin).

Puis survient un enchifrènement avec écoulement nasal (celui-ci est contagieux car il contient le virus), une fièvre qui va durer de trois à cinq jours. Il y a un peu de toux, une gorge rouge, des yeux brillants. C'est la période du catarrhe oculo-nasal. Le seul signe distinctif qui permet de suspecter la rougeole est la présence de minuscules points blancs sur fond rouge à la face interne des joues : c'est le signe de Köplick, qui apparaît juste avant la sortie de l'éruption et est éphémère.

L'éruption se présente sous forme de taches rouges assez intenses, plus ou moins arrondies, à peine surélevées, avec des intervalles de peau saine

(contrairement à la scarlatine). Elle débute à la face et derrière les oreilles puis gagne le reste du corps de haut en bas en vingt-quatre heures. Elle pâlit progressivement et disparaît en trois à cinq jours.

Les complications, qui ne se voient pas sous traitement homéopathique, peuvent être : otite, laryngite, bronchite, broncho-pneumonie, exceptionnellement encéphalite.

La maladie confère une immunité définitive.

Préférer l'homéopathie

Si l'on est sûr du diagnostic, on peut entreprendre le traitement suivant :
BELLADONA 9 CH,
MORBILLINUM 9 CH,
SULFUR 9 CH,
trois granules de chaque trois fois par jour, pendant cinq jours.
Dans les yeux, mettre une goutte trois fois par jour de collyre à l'EUPHRASIA.

La première sortie aura lieu dix jours après la survenue de l'éruption, si le temps le permet.

La vaccination contre la rougeole

Vu la bénignité de la maladie lorsqu'elle est soignée par l'homéopathie, la vaccination n'est pas nécessaire. Certaines crèches la rendent

obligatoire. C'est regrettable :
il faut réserver les vaccinations (voir ce mot) aux sujets
fragiles.

Le nourrisson est protégé
jusqu'à six mois par les anticorps qu'il a reçus de sa mère
(si elle a eu la rougeole).

Rougit facilement

▶ Voir **Comportement**.

Rubéole

Des taches rosées
et des ganglions

La rubéole est une maladie
éruptive d'origine virale. L'incubation dure deux semaines
environ. Apparaît ensuite une
éruption rosée assez discrète
avec intervalles de peau saine,
sans passage par la phase de
catarrhe oculo-nasal avec toux

que l'on voit dans la rougeole.
Cette éruption débute à la
face puis s'étend à tout le
corps en descendant. Des petits ganglions sans gravité se
manifestent, d'abord à la partie postérieure du cou (comme
de minuscules grains de
plomb), puis ils se générali-
sent. La fièvre est modérée,
ou même absente.

En trois jours, traité ou non,
l'enfant guérit. L'immunité est
définitive. Le nourrisson est
protégé par les anticorps de sa
mère (si elle a eu la rubéole)
pendant les six premiers mois
de sa vie.

Traitement homéopathique

Si l'on est sûr du diagnostic
(sinon consulter), on peut
donner à l'enfant :
PULSATILLA 9 CH,
SULFUR 9 CH,
trois granules de chaque trois
fois par jour, pendant cinq jours.

Pathologie du fœtus

Le seul problème, désormais bien connu, que pose la rubéole est celui des risques de malformations (cérébrales, oculaires, cardiaques, auditives, hépatiques, osseuses) du fœtus lorsque la mère contracte la rubéole pendant les trois premiers mois de sa grossesse. En France, seulement 10 p. 100 des femmes en âge d'avoir des enfants ne possèdent pas les anticorps protecteurs.

D'où les règles suivantes :

- Les filles non pubères qui n'ont pas eu la rubéole doivent être mises en contact avec les enfants atteints (la contagiosité est de sept jours avant et sept jours après la sortie de l'éruption).
- Le médecin demande le dosage des anticorps chez toute femme qui n'est pas sûre d'avoir eu la rubéole et qui désire avoir un enfant (ou est enceinte de moins de trois mois) : si le dosage est négatif, il en demande un second quelque temps plus tard afin de savoir s'il y a une montée des anticorps et d'agir en conséquence, c'est-à-dire traiter par les gamma-globulines.
- Le problème le plus délicat pour un médecin homéopathe est celui de la vaccination systématique des filles d'âge scolaire : vacciner c'est risquer les complications inhérentes aux vaccins (voir ce mot) ; ne pas vacciner c'est prendre pour l'avenir le risque de complications en début de grossesse. Ce problème doit être discuté avec les parents pour chaque cas particulier.

S

Saignement

▶ Voir **Hémorragies**.

Salive

Il bave

Il est normal qu'un nourrisson bave tant qu'il n'a pas de dents. Si sa salive est vraiment très abondante, lui donner :

MERCURIUS SOLUBILIS
9 CH,
trois granules le soir au coucher, pendant quelques semaines.

Salmonelloses

Assez fréquentes chez l'enfant

Les salmonelloses sont des maladies dues à différentes sortes de microbes salmonelles, responsables de diarrhée. Elles sont assez fréquentes chez le nourrisson et l'enfant.

Certaines de ces salmonelloses, assez bénignes, sont en recrudescence actuellement à cause des aliments congelés, décongelés puis recongelés (ce qui ne doit jamais se faire).

D'autres salmonelloses sont plus sérieuses, comme la typhoïde et la paratyphoïde (voir ces mots).

De toute manière le traitement est du ressort du médecin. L'homéopathie peut être envisagée dans certains cas.

Sanglot (Spasme du)

▶ Voir **Spasme du sanglot**.

Scarlatine

Beaucoup moins grave et bien plus rare qu'autrefois

La scarlatine est due à un microbe, le streptocoque bêta-hémolytique (du groupe A), et à sa toxine. Cette maladie est exceptionnelle actuellement (lorsqu'elle se voit, c'est surtout chez le grand enfant) et beaucoup moins grave que dans le passé, d'où des difficultés de diagnostic.

L'incubation dure de deux à cinq jours. Puis surviennent une forte fièvre, une rougeur de la bouche et de la gorge, avec difficultés pour avaler, des papilles rouges font saillie sur la langue, une éruption rouge sans intervalle de peau saine (contrairement à la rougeole et à la rubéole), rugueuse au toucher, apparaît d'abord sur le ventre, le cou, aux plis de flexion, puis s'étend au reste du corps (sauf à la paume des mains et à la plante des pieds). Plus tard se produit une desquamation en lambeaux plus ou moins grands (discrète de nos jours).

Non ou mal traitée, la scarlatine donne lieu à des complications : otite, mastoïdite, néphrite, rhumatisme articulaire aigu. C'est dire que les antibiotiques, la pénicilline avant tout, sont obligatoires au moindre doute. Avant la découverte de la pénicilline, les homéopathes obtenaient des succès. Aujourd'hui, ils hésitent à prescrire leurs médicaments lorsqu'ils ne sont pas sûrs d'avoir vraiment celui qui convient à chaque cas particulier.

L'immunité est quasi définitive. Exceptionnellement, on peut assister à une seconde scarlatine par variante dans la nature du streptocoque responsable.

La scarlatine ne se voit pas avant l'âge de deux ans.

La prévention

En cas de scarlatine dans l'entourage, donner aux enfants qui ont été en contact avec le malade :

STREPTOCOCCINUM 9 CH, trois granules trois fois par jour, pendant quinze jours.

Scheuermann (Maladie de)

▶ Voir **Colonne vertébrale**.

Schizophrénie

▶ Voir **Psychose**.

Scolaires (Problèmes)

▶ Voir **École**.

Scoliose, attitude scoliotique

▶ Voir **Colonne vertébrale**.

Séborrhée

▶ Voir **Chevelu** (cuir), **Croûtes de lait**.

Seins

La poussée mammaire du nouveau-né

La congestion mammaire est très fréquente chez le nouveau-né, aussi bien garçon que fille. Elle résulte du passage d'un peu d'hormones maternelles à travers le placenta. Il peut même y avoir un petit écoulement par le mamelon, le « lait de sorcière ». Ne pas presser pour le faire sortir. Aucun traitement n'est nécessaire, tout va disparaître spontanément.

Des seins chez le garçon

Avant la puberté, consulter.

Chez l'adolescent, un sein (ou même les deux) peut gonfler et être légèrement douloureux. Ne rien faire : cela régressera lentement mais sûrement.

Le développement précoce des seins chez la fille

Si les seins commencent à pousser avant l'âge normal de la puberté (avant dix ans en tout cas), le médecin demandera des dosages hormonaux qui seront le plus souvent normaux. L'abstention thérapeutique est alors la règle.

Chez la fille à la puberté

Souvent un sein commence à pousser avant l'autre. Cette asymétrie se corrige d'elle-même. Ne pas s'inquiéter.

Septicémie

Des microbes dans le sang

Un enfant avec une fièvre très élevée (plus de 40 °C) sous forme de pics successifs accompagnés de frissons peut avoir une septicémie (libre circulation de microbes dans le sang).

Les principales portes d'entrée sont : une otite, une appendicite, un furoncle ou toute autre infection négligée de la peau, rarement une infection du cœur. Le médecin demandera une hémoculture (recherche de microbes dans le sang). Il palpera la rate pour voir si elle est augmentée de volume.

Le traitement le plus efficace est à base d'antibiotiques adaptés au microbe particulier trouvé à l'hémoculture. En cas de forme rebelle aux antibiotiques, on peut toujours tenter un traitement homéopathique. Demander l'avis d'un médecin homéopathe.

Serpents

▶ Voir **Morsures et piqûres d'animaux**.

Sevrage

▶ Voir **Alimentation**.

Sexuels (Problèmes)

La vie sexuelle de votre enfant

Dès sa naissance, l'enfant a une vie sexuelle et émotive : à vous de savoir comment il l'exprime. La prise de nourriture, l'élimination des matières fécales sont ses premières sources de plaisir. Vers quatre ans ses organes génitaux deviennent pour lui un pôle d'attraction. Les amours infantiles sont fréquentes, naturelles. Les parents, lorsqu'ils sont au courant, laissent à l'enfant la possibilité de s'exprimer et montrent qu'ils savent partager son émotion.

L'éducation sexuelle

Il ne faut pas laisser l'éducation sexuelle de l'enfant se

faire au hasard. Ce n'est pas parce que le sexe envahit actuellement la vie quotidienne qu'il faut croire que le jeune est bien renseigné. Il a besoin de votre aide, de vos explications, à condition que vous ayez vous-même une attitude positive vis-à-vis de la sexualité.

Il n'y a pas d'âge moyen pour commencer son éducation. C'est affaire de cas particulier, avec un principe directeur très simple : si un enfant pose une question — quelle qu'elle soit — c'est qu'il est capable d'entendre la réponse (pas forcément de tout comprendre, cependant la réponse doit être franche et directe).

Surtout il faut lui parler d'amour. Car si tôt ou tard il est renseigné sur le sexe, qui lui en donnera la dimension affective ? Cette éducation doit se faire tout au long des années que l'enfant passe au foyer de ses parents, par bribes, sans heurt, au hasard de ses réflexions.

Les autres problèmes

En dehors des problèmes d'éducation sexuelle, vous pouvez être confrontés à quelques situations que vous aurez à considérer avec calme.

Érections spontanées du petit garçon

Cela peut se produire lors du déshabillage et ne mérite pas d'attention. Si l'érection est très fréquente, on peut donner :

LACHESIS 9 CH,
trois granules le soir au coucher, pendant quelques jours.

L'enfant aime se promener nu dans la maison

Rien de dramatique à cela, c'est surtout votre attitude qui risque de fixer les choses. Ne faites rien dans la mesure où il n'y a pas de problème avec les frères et sœurs. Faites-le se rhabiller gentiment si des étrangers à la famille sont présents. Dans les cas marqués ou répétés, donner :

HYOSCYAMUS 9 CH,
trois granules le soir au coucher par petites périodes.

Les jeux sexuels entre enfants

Vers cinq ou six ans, ils sont tout à fait normaux. Ils ne sont sexuels que parce que vous le dites : l'enfant essaie de comprendre son anatomie, n'en faites pas cas.

La masturbation

Souvent le jeune enfant manipule ses organes génitaux. Il n'y met pas plus de curiosité que lorsqu'il explore son nez ou ses oreilles. Ne vous montrez pas choqué, c'est l'essen-

tiel. La masturbation chez le garçon ou la fille plus grand est également normale. Il faut même la déculpabiliser si vous avez le sentiment qu'elle s'accompagne d'inquiétude. Il n'y a que si elle est incessante qu'elle doit faire l'objet d'un traitement :

STAPHYSAGRIA 9 CH,
trois granules le soir au coucher, par petites périodes.

Éjaculation nocturne

Appelée autrefois « pollution nocturne », la connotation péjorative doit être oubliée. Il s'agit d'un phénomène tout à fait normal. On peut donner, si les éjaculations nocturnes sont très fréquentes :

PICRICUM ACIDUM 9 CH,
trois granules le soir au coucher, par petites périodes.

▶ Voir aussi **Puberté** (contraception).

Sinusite

Elle risque de passer inaperçue

Les cavités osseuses de la face peuvent être infectées aussi bien chez l'adulte que chez l'enfant. Chez celui-ci, la sinusite peut passer inaperçue jusqu'à ce qu'un médecin ordonne des radiographies et arrive à expliquer ainsi des maux de tête fréquents, une toux persistante, un écoulement nasal.

Chez le petit enfant, seuls les sinus maxillaires (derrière les joues) et ethmoïdaux (derrière la racine du nez) sont atteints. Les sinus frontaux ne le sont qu'après dix ans.

La crise aiguë

Après une rhino-pharyngite ou un gros rhume (selon l'âge), le nez se bouche ou se met à couler jaune par accès, il y a des croûtes dans le nez, de la fièvre. L'enfant se plaint de douleurs qui augmentent quand on appuie sur ses sinus. Il s'agit d'une maladie infectieuse, ou parfois allergique.

Donner trois granules trois fois par jour d'un ou plusieurs des médicaments suivants, selon les symptômes.

- Sinusite avec nez bouché, sans écoulement, BELLADONA 9 CH.
- Avec douleurs aggravées au toucher, HEPAR SULFURIS CALCAREUM 9 CH.
- Avec douleurs aggravées au moindre courant d'air, HEPAR SULFURIS CALCAREUM 9 CH.

- Avec écoulement vert ou croûtes dans le nez, KALIUM BICHROMICUM 9 CH.
- Avec écoulement jaune, MERCURIUS SOLUBILIS 9 CH.
- Avec mauvaise haleine, MERCURIUS SOLUBILIS 9 CH.
- Avec pus mélangé de sang, PHOSPHORUS 9 CH.

En cas de sinusite chronique

Si l'on a affaire à une sinusite chronique ou à des sinusites à répétition, on peut donner :
SILICEA 9 CH,
KALIUM BICHROMICUM 9 CH,
trois granules de chaque, vingt jours par mois, pendant trois mois.
Consulter en cas de persistance.

Sixième maladie

▶ Voir **Roséole infantile**.

Smegma

▶ Voir **Verge**.

Soif

En cas de soif inhabituelle, il faut penser : à une montée

de fièvre (quelle qu'en soit l'origine), à une perte liquidienne (vomissements, diarrhée), à un coup de chaleur, à un diabète.

Bien sûr, chez le grand enfant, il faut d'abord se demander s'il ne vient pas de s'agiter énormément, de jouer avec fougue, de courir. Dans ce cas, la soif est normale.

Soleil

Le soleil est bon pour sa croissance

La chaleur et la lumière du soleil sont indispensables à tout être vivant. L'enfant plus que tout autre a besoin des rayons ultraviolets du soleil pour avoir une croissance harmonieuse. Ainsi peut-il fabriquer de la vitamine D naturelle et éviter le rachitisme (voir ce mot).

Le soleil est également indiqué pour les cas de psoriasis (voir ce mot).

Une exposition raisonnable et progressive (deux minutes le premier jour, puis deux minutes de plus chaque jour) est bénéfique. En revanche, une exposition intempestive peut être dangereuse : risque de coup de soleil, de coup de chaleur (voir ce mot), d'insolation.

Le coup de soleil

Donner selon l'aspect trois granules jusqu'à amélioration :

- Si la peau est rouge, sèche, douloureuse,
  BELLADONA 9 CH.
- Si elle présente une ou plusieurs cloques,
  CANTHARIS 9 CH.

Localement
Utiliser une crème hydratante.

L'insolation

Le grand enfant est en état de malaise parce qu'il est resté trop longtemps au soleil sans chapeau. Lui donner immédiatement :
GLONOÏNUM 9 CH,
OPIUM 9 CH,
trois granules de chaque de cinq en cinq minutes, ou de quart d'heure en quart d'heure (selon la gravité) jusqu'à amélioration.

Allergie au soleil

En cas d'urticaire au soleil, avec démangeaison, donner :
APIS 9 CH,
trois granules trois fois par jour, jusqu'à cessation.

Sommeil

Un nourrisson qui pleure la nuit n'est pas un insomniaque

C'est seulement un enfant qui a faim (car un nourrisson dort ou mange). Les premiers temps il est nécessaire de le nourrir la nuit s'il le réclame. On essaie de le décaler chaque nuit d'un petit quart d'heure jusqu'à ce que ses premiers cris se produisent à l'heure où le reste de la famille se lève. A un mois il dort 6 heures d'affilée, et 8 heures à deux mois.

Au-delà de deux mois on peut parler d'insomnie

La durée totale du sommeil est de 16 heures par jour à un mois, 12 heures à trois ans, 8 heures à quatorze ans, avec tous les intermédiaires et toutes les variations individuelles possibles.

Les causes de l'insomnie sont variables :
- problème diététique, à régler avec le pédiatre, qui recommandera éventuellement un épaississement du repas du soir ;
- la pièce est trop chauffée, pas assez humidifiée ;
- début de maladie infectieuse ou douloureuse (nez bouché, poussée dentaire, vers sont souvent les responsables) ;
- mise en « nourrice » (l'assistante maternelle) ou à la crèche ;
- mise à l'école trop précoce (à deux ans au lieu de trois) ;
- un trouble affectif, de l'anxiété, une tendance à l'opposition ;
- habitude trop longtemps prolongée de dormir dans la chambre des parents ;
- chez le grand enfant, excitation due à la télévision ; certaines émissions stimulent trop l'imagination ;
- problèmes scolaires.

Il s'agit pour chaque cas d'être à la fois ferme et compréhensif, de préparer l'enfant à une vie progressivement autonome, avec uniquement les heurts qu'il est capable de supporter. On peut se livrer au rituel du coucher : caresses, baisers, une histoire. Ne pas supprimer l'objet ou le jouet qu'il tient à garder avec lui, comme s'il avait besoin de quelque chose (ou de quelqu'un ?) pour veiller sur son sommeil.

L'homéopathie, mieux que les médicaments chimiques, est un bon adjuvant en cas de troubles du sommeil. Médecine douce et sans accoutumance, elle peut aider à franchir un cap sans perturber les phases naturelles du sommeil.

Les difficultés à s'endormir

Donner, dans les périodes troublées, trois granules au coucher de l'un des médicaments suivants :

- S'il dit « non », refuse d'aller se coucher,
  STAPHYSAGRIA 9 CH.
- S'il tombe de sommeil mais n'arrive pas à s'endormir,
  BELLADONA 9 CH.
- S'il marmonne dans un demi-sommeil,
  BELLADONA 9 CH.
- S'il a peur du noir,
  STRAMONIUM 9 CH.
- S'il voit des choses terrifiantes : loups, monstres, etc.,
  CALCAREA CARBONICA 9 CH.
- S'il a peur des voleurs,
  NATRUM MURIATICUM 9 CH.
- S'il a du mal à s'endormir à cause du nez bouché,
  SAMBUCUS NIGRA 9 CH.
- A cause de la chaleur,
  PULSATILLA 9 CH.
- A cause de la fatigue physique,
  ARNICA 9 CH.
- A cause de la fatigue intellectuelle,
  KALIUM PHOSPHORICUM 9 CH.

- A cause d'une excitation cérébrale par abondance d'idées,
  COFFEA CRUDA 9 CH.

Symptômes pendant le sommeil

Donner trois granules au coucher pendant les périodes troublées ; éventuellement trois granules en pleine nuit s'il se réveille (le grand enfant préparera lui-même trois granules dans le creux du bouchon de plastique et les prendra si nécessaire).

- Il transpire en dormant,
  CALCAREA CARBONICA 9 CH.
- Il bave en dormant,
  MERCURIUS SOLUBILIS 9 CH.
- Il se réveille angoissé,
  ARSENICUM ALBUM 9 CH.
- Il a des terreurs nocturnes (il se met à hurler tout en dormant, donnant l'impression d'avoir devant les yeux des visions effrayantes, se calme si on allume la lumière, s'il sent une présence),
  STRAMONIUM 9 CH.
- Il a souvent des cauchemars,
  STRAMONIUM 9 CH.
- Il parle en dormant,
  BELLADONA 9 CH.

- Il grince des dents en dormant,
  BELLADONA 9 CH.
- Il rit en dormant,
  LYCOPODIUM 9 CH.
- Il pleure en dormant,
  CHAMOMILLA 9 CH.
- Il tousse en dormant, sans se réveiller,
  CHAMOMILLA 9 CH.
- Il dort les yeux à demi ouverts,
  LYCOPODIUM 9 CH.
- Il sursaute en dormant,
  HYOSCYAMUS NIGER 9 CH.
- Il se berce en dormant (il s'agit d'un problème de carence affective),
  PULSATILLA 9 CH.

▶ Voir aussi **Comportement**, **Énurésie**, **Ronflement**, **Somnambulisme**.

Somnambulisme

Pas de souvenir de la crise

Il faut dédramatiser le problème du somnambulisme. Il impressionne l'entourage mais ne correspond pas à un trouble grave. Il peut avoir lieu une ou deux fois dans la vie d'un enfant et ne pas se reproduire. Il peut être plus fréquent, mais cela n'a aucune valeur péjorative. On peut très bien en parler devant l'enfant.

La grande caractéristique qui permet de reconnaître le somnambulisme est le fait que, le lendemain, l'enfant ne se souvient pas des gestes qu'il a accomplis durant la nuit.

Il faut savoir également qu'il n'est pas dangereux de le réveiller pour le reconduire dans son lit.

Si le trouble se reproduit souvent, donner :
KALIUM BROMATUM 9 CH,
STRAMONIUM 9 CH,
trois granules de chaque trois fois par jour, vingt jours par mois, pendant trois mois.

Somnolence pendant la tétée

▶ Voir **Alimentation**.

Souffle cardiaque

▶ Voir **Cœur**.

Spasme du sanglot

Sans vie pendant quelques secondes

Après une contrariété, une peur, une réprimande, un refus, ou encore à l'occasion d'une douleur (il vient de se cogner, de tomber), l'enfant entre six mois et cinq ans se met en colère, crie, pleure. Soudain sa respiration se bloque, ses yeux se révulsent. Il ouvre la bouche, devient bleu et mou. Il perd connaissance (par manque d'oxygène), avec parfois quelques mouvements convulsifs. Le tout dure moins d'une minute. Ensuite son souffle revient, il reprend conscience et une couleur normale. Selon les cas, il se remet à jouer ou dort un moment. Le rythme des crises est variable d'un enfant à l'autre.

Une syncope très banale

Le spasme du sanglot, puisque c'est ainsi qu'on le nomme, bien que très impressionnant, n'est pas grave. Ce n'est ni de l'épilepsie ni une crise cardiaque. Juste une syncope très banale.

Évidemment, la première fois on est très frappé, inquiet. On se croit en plein drame alors qu'il s'agit seulement d'un enfant nerveux, cherchant à échapper à une situation affective qu'il ne supporte pas.

Gardez votre calme pendant et après la crise. S'il vous voit inquiet à son réveil, il va sentir qu'il possède une arme contre vous. Il saura bientôt déclencher son spasme à volonté. Il suffit de ne pas entrer dans son jeu pour prévenir la plupart des crises.

Si nécessaire, lui donner :
IGNATIA 9 CH,
trois granules trois fois par jour, vingt jours par mois, pendant quelques mois.

En aucun cas un enfant ne doit boire du café. Cela est particulièrement vrai pour les enfants atteints du spasme du sanglot. Même le traditionnel « canard » est interdit.

Spasmophilie

Excitabilité neuro-musculaire

La spasmophilie ou tétanie (rien à voir avec le tétanos) est due à un trouble de l'utilisation du calcium par les cellules, ce qui provoque une excitabilité neuro-musculaire anormale. Elle peut être concomitante du rachitisme (voir ce mot). Elle peut se voir aussi bien chez le nourrisson que chez le grand enfant (mais elle est surtout fréquente chez l'adulte).

Fourmillement des extrémités

Les principaux symptômes sont : sensation de fourmillement des extrémités, oppression respiratoire, contractures musculaires (avec en particulier difficulté pour remuer les doigts), spasmes.

Le médecin demandera des examens complémentaires : électromyogramme (enregistrement de l'électricité des muscles), dosage du calcium et du magnésium sanguins. Dans la plupart des cas les dosages seront normaux : il peut y avoir un déficit de l'utilisation du calcium ou du magnésium, même s'ils ne manquent pas.

L'homéopathie est suffisante dans la plupart des cas

En cas de crise, donner :
COCCULUS INDICUS 9 CH,
trois granules de cinq en cinq minutes, ou de quart d'heure en quart d'heure, selon l'intensité, jusqu'à amélioration.
En cas de crises à répétition, il faut consulter un médecin homéopathe. Il donnera un traitement de fond (NATRUM MURIATICUM, SEPIA sont les médicaments qui reviennent le plus souvent). Il ajoutera du calcium ou du magnésium lorsqu'ils seront en déficit.

Sport

Un rôle éducatif

Le sport apprend à l'enfant à se contrôler, à avoir le goût de l'effort, à mériter le succès.

Préparation au sport

Donner trois granules trois fois par jour, en commençant quelques jours avant une compétition, de :
ARNICA 9 CH,
pour préparer à l'effort.
GELSEMIUM 9 CH,
pour empêcher le trac.

En cas de complication

Donner trois granules trois fois par jour, jusqu'à amélioration :
● En cas de crampes musculaires,
NUX VOMICA 9 CH.
● En cas de claquage musculaire, fatigue intense, courbature, également pour l'épicondylite,
RHUS TOXICODENDRON 9 CH.

Chez un enfant malade

La piscine sera interdite à l'enfant allergique (mais pas la mer). Pour l'enfant cardiaque, voir **Cœur**. Pour les autres maladies : demander au médecin qui répondra cas par cas.

▶ Voir également **Blessures**.

Sténose du pylore

Des vomissements en jet

Il s'agit d'une urgence chirurgicale qui survient entre la deuxième et la quatrième semaine de la vie. Le nourrisson, le plus souvent un garçon, se met à vomir de façon violente, en jet, tout de suite après la tétée. Il maigrit rapidement (tout en gardant son appétit) si on ne le soigne pas à temps.

Cela est dû à une hypertrophie du muscle du pylore, muscle circulaire qui ferme l'extrémité inférieure de l'estomac, au niveau de son abouchement à l'intestin. Lorsque les contractions de l'estomac n'arrivent plus à aider le lait à franchir l'orifice, le mouvement est inversé et de puissants vomissements surviennent.

Le médecin regarde la région de l'estomac à jour frisant et constate une ondulation caractéristique. A la palpation, il perçoit une grosseur : l'olive pylorique. La radiographie confirme le diagnostic.

L'opération (qui consiste en une simple incision du muscle responsable) est spectaculairement efficace, et cet épisode ne laissera qu'un mauvais souvenir et une cicatrice.

Pendant le transport dans le service de chirurgie, glisser sous la langue du nourrisson trois granules (éventuellement réduits en poudre) de :

PHOSPHORUS 9 CH.

Still (Maladie de)

▶ Voir **Rhumatismes** (polyarthrite rhumatoïde).

Stomatite

▶ Voir **Bouche**.

Strabisme

Normal jusqu'à quatre mois

Un enfant peut loucher jusqu'à l'âge de quatre mois sans qu'on puisse affirmer que ce sera définitif. Il s'agit d'un déficit musculaire qui l'empêche de coordonner ses mouvements oculaires. Le risque est la perte du fonctionnement d'un des deux yeux (l'enfant n'en utilise qu'un pour ne pas voir double), et des troubles psychologiques.

Si le strabisme persiste au-delà de six mois, il y a lieu de consulter. Le spécialiste pourra proposer divers traitements : lunettes, occlusion passagère de l'œil qui fonctionne le mieux pour obliger l'autre à travailler, gymnastique oculaire chez le grand enfant, éventuellement chirurgie.

Un traitement homéopathique peut être entrepris pour fortifier les muscles. Consulter (GELSEMIUM, NATRUM MURIATICUM sont les médicaments les plus utilisés).

Suce son pouce

▶ Voir **Comportement** (pouce).

Sudamina

De gros boutons de chaleur

Il s'agit de vésicules (comme de gros boutons de chaleur, voir ce mot) entourées d'une aréole rouge survenant à la suite d'une transpiration abondante chez le nourrisson. Elles siègent principalement au niveau du cou, des épaules,

du thorax. C'est une éruption sans gravité. Donner à l'enfant :

RHUS TOXICODENDRON 9 CH,
trois granules trois fois par jour, jusqu'à disparition.

Sueurs

▶ Voir **Transpiration**.

Suppuration

▶ Voir **Abcès**, **Anthrax**.

Surdité

Seule la surdité passagère due à une infection de l'oreille moyenne (la cavité qui est derrière le tympan) est du domaine de l'homéopathie (voir **Otite**).

Les autres causes (congénitales ou acquises) sont en rapport avec des lésions organiques et ne peuvent bénéficier d'un traitement homéopathique qu'à titre de complément.

Surdoués

▶ Voir **École**.

Syncope

Grave ou pas ?

Simple malaise (lipothymie) ou syncope vraie ? La vue d'un enfant qui pâlit, demande à s'allonger ou tombe brutalement, les yeux révulsés, est toujours inquiétante.

Bien sûr, il y a des causes bénignes et passagères : spasme du sanglot (voir ce mot), émotivité, excès de chaleur ambiante, mais comment savoir ?

Appeler le médecin traitant. En attendant, glisser dans la bouche de l'enfant, quel que soit son âge :

ACONIT 9 CH,
   trois granules.

t

Taches

Tache mongoloïde

Il s'agit d'une tache bleu-âtre qu'on peut voir au bas (parfois à la partie supérieure) de la colonne vertébrale du nouveau-né. Elle est fréquente en Extrême-Orient et en Afrique.

Elle n'a aucune signification pathologique et disparaît avec les années.

Taches de rousseur

Ne pas confondre les taches de rousseur, ou éphélides, ces petites taches rondes, brun clair, du visage et des mains, que le soleil de l'été accentue, avec les grains de beauté (voir **Nævus**). Il n'y a pas de traitement.

Taches de vin

▶ Voir **Angiome**.

Taille

▶ Voir **Retard** (croissance).

Teigne

▶ Voir **Cheveux**.

Tempérament

▶ Voir **Comportement**.

Ténia

▶ Voir **Parasites** (vers).

Tension artérielle

▶ Voir **Hypertension**.

Terreurs nocturnes

▶ Voir **Sommeil**.

Tests d'allergie

▶ Voir **Allergie**.

Testicules

Coup sur les testicules

Si un petit garçon, au cours d'un jeu, reçoit un coup sur

les parties génitales, lui donner :

ARNICA 9 CH,
trois granules trois fois par jour, pendant huit jours.

Cela évitera la réaction d'enflure et les séquelles, de quelque sorte que ce soit. Consulter seulement si le coup a été très violent.

Testicules non descendus, ou ectopie, ou cryptorchidie

Tous ces mots sont équivalents. Les testicules sont dans le ventre et non dans les bourses (celles-ci sont vides). Il ne faut pas confondre avec des testicules mobiles, qui remontent contre l'aine au moment où on les cherche. L'examen est relativement difficile et demande beaucoup de patience : ne rien conclure avant l'avis du médecin.

On peut essayer :

AURUM METALLICUM 9 CH,
trois granules trois fois par jour, vingt jours par mois, pendant trois mois.

Cela ne réussira que si l'orifice entre le ventre et les bourses est assez grand pour laisser passer le ou les testicules non descendus. En cas d'échec, il faut faire opérer (voir **Intervention**). Le plus tôt sera le mieux, afin d'éviter

une stérilité. En général on opère avant six ans (c'est-à-dire avant le début de l'école primaire, ce qui évite les questions des petits camarades).

Hydrocèle

Il s'agit d'un épanchement de liquide dans la poche qui entoure les testicules. Cela n'a rien à voir avec une hernie. On peut voir une hydrocèle à la naissance, ou plus tard. De toute manière cela est sans danger et guérit spontanément en quelques semaines.

Pour hâter la résorption, donner :

RHODODENDRON 9 CH,
trois granules trois fois par jour, jusqu'à disparition.

L'opération sera exceptionnellement nécessaire.

Orchite

Il s'agit de l'inflammation des testicules par un microbe ou un virus (celui des oreillons par exemple). Il vaut mieux consulter un homéopathe. Si cela est impossible, donner :

PULSATILLA 9 CH,
trois granules trois fois par jour, jusqu'à guérison.

Torsion aiguë du testicule

La torsion du testicule est une urgence chirurgicale (sinon le testicule est perdu en deux heures). En soi la maladie n'est pas grave mais très douloureuse.

Les principaux symptômes en sont : douleur vive et soudaine au niveau d'un testicule, augmentation de volume avec tuméfaction de la bourse du côté atteint, vomissements, éventuellement un peu de fièvre.

Pendant le transport en milieu chirurgical, glisser dans la bouche de l'enfant :
    ARNICA 9 CH,
    trois granules.

Tétanie

▶ Voir **Spasmophilie**.

Tétanos

Toute plaie est suspecte

Les plaies apparemment anodines peuvent autant être à l'origine d'un tétanos que les plus graves. Les plus dangereuses sont les plaies profondes souillées de terre.

Tout le monde doit être vacciné, les enfants comme les adultes. La vaccination (voir ce mot) a moins d'inconvénient que la maladie (mortelle deux fois sur trois).

Toute plaie sera soigneusement nettoyée. Si par hasard l'enfant a échappé à la vaccination, le médecin lui fera un sérum antitétanique (d'efficacité immédiate).

Le microbe en cause (le bacille de Nicolaïer) se multiplie dans la plaie et envoie à distance une toxine néfaste pour le système nerveux. Les principaux symptômes sont (après une incubation de 5 à 15 jours) : contracture de la mâchoire devenue impossible à ouvrir (une autre cause de ce trouble est le phlegmon de la gorge), qui se généralise ensuite à tous les muscles avec aggravation à la moindre excitation (bruit, lumière). Le sujet reste conscient et est très angoissé. L'hospitalisation en milieu spécialisé est urgente.

On peut augmenter les chances de guérison en ajoutant au traitement entrepris :
    CICUTA VIROSA 9 CH,
    HYPERICUM 9 CH,
    LEDUM 9 CH,
    dix granules de chaque dans un grand verre, une cuillerée à café toutes les heures en commençant le plus tôt possible, avec espacement selon amélioration.

Tête (Mal de)

La céphalée

Le mal de tête, ou céphalée, est souvent banal chez l'enfant. Se méfier cependant d'un mal de tête qui ne réagit pas rapidement au traitement, ou qui revient souvent.

Les causes du mal de tête sont trop nombreuses pour être détaillées. En gros, on peut penser :

– *en cas de mal de tête inhabituel :* à un simple rhume, à une sinusite aiguë, une grippe ; et, c'est heureux, plus exceptionnellement à une méningite ;

– *en cas de mal de tête chronique ou à répétition :* faire vérifier la vue, les dents, les sinus ; penser à la migraine (voir ce mot) ;

– une cause assez fréquente est l'anxiété de l'enfant, diagnostic d'élimination, c'est-à-dire quand l'on peut faire aucune autre cause n'a été retenue.

Traitement homéopathique

S'il n'y a manifestement pas d'urgence (sinon consulter), donner à l'enfant trois granules toutes les demi-heures du médicament sélectionné (éventuellement en alterner deux ou trois) jusqu'à amélioration.

Selon la cause

- Après avoir pris chaud, ANTIMONIUM CRUDUM 9 CH.
- Après un bain froid, ANTIMONIUM CRUDUM 9 CH.
- Après un coup de froid, BELLADONA 9 CH.
- Après une coupe de cheveux, BELLADONA 9 CH.
- Par constipation, BRYONIA 9 CH.
- Après un travail intellectuel, CALCAREA PHOSPHORICA 9 CH.
- Par temps froid et humide, DULCAMARA 9 CH.
- Après un coup de soleil, GLONOÏNUM 9 CH.
- A cause d'une odeur forte, IGNATIA 9 CH.
- Après une contrariété, NATRUM MURIATICUM 9 CH.
- Après un traumatisme crânien, NATRUM SULFURICUM 9 CH.
- Quand l'enfant a trop mangé, NUX VOMICA 9 CH.
- Après avoir été mouillé, RHUS TOXICODENDRON 9 CH.

- Par fatigue musculaire,
  RHUS TOXICODENDRON
  9 CH.

Selon les modalités
Amélioration :
- Par un enveloppement froid,
  ALOE 9 CH.
- En serrant la tête dans un
  bandeau,
  ARGENTUM NITRICUM
  9 CH.
- Par un saignement de nez,
  MELILOTUS 9 CH.
- En marchant,
  PULSATILLA 9 CH.
- Par un enveloppement
  chaud,
  SILICEA 9 CH.

Aggravation :
- Par un bruit ou la lumière,
  BELLADONA 9 CH.
- En toussant,
  BRYONIA 9 CH.
- Par le moindre mouve-
  ment, par exemple le simple
  fait de bouger les yeux,
  BRYONIA 9 CH.
- A la montagne,
  COCA 9 CH.
- En voiture,
  COCCULUS INDICUS 9 CH.
- Avant l'orage,
  PHOSPHORUS 9 CH.
- Après les repas,
  PULSATILLA 9 CH.
- Par les courants d'air,
  SILICEA 9 CH.

Selon la sensation (si l'enfant est assez grand pour la décrire)
- Sensation d'éclatement du
  crâne,
  ACTEA RACEMOSA 9 CH.
- Battements dans la tête,
  BELLADONA 9 CH.
- Sensation de clou dans la
  tête,
  COFFEA 9 CH.
- Paupières lourdes,
  GELSEMIUM 9 CH.
- Battements dans le cou,
  GLONOÏNUM 9 CH.
- Sensation de mille petits
  marteaux tapant sur le cer-
  veau,
  NATRUM MURIATICUM
  9 CH.
- Sensation d'yeux tirés en
  arrière,
  PARIS QUADRIFOLIA
  9 CH.

Selon la localisation
- Au sommet du crâne,
  ACTEA RACEMOSA 9 CH.
- A une tempe,
  BELLADONA 9 CH.
- Dans toute la moitié droite
  de la tête,
  BELLADONA 9 CH.
- A l'arrière du crâne,
  GELSEMIUM 9 CH.
- Dans les deux moitiés du
  crâne en alternance,
  LAC CANINUM 9 CH.
- Au-dessus de l'œil droit,
  SANGUINARIA
  CANADENSIS 9 CH.

- Au dessus de l'œil gauche,
  SPIGELIA 9 CH.
- Dans toute la moitié gauche
  de la tête,
  SPIGELIA 9 CH.

*Selon les symptômes
concomitants*

- Mal de tête avec soif,
  BRYONIA 9 CH.
- Avec besoin d'uriner,
  GELSEMIUM 9 CH.
- Avec troubles oculaires,
  IRIS VERSICOLOR 9 CH.
- Avec vomissements brû-
  lants,
  IRIS VERSICOLOR 9 CH.
- Avec visage congestionné et
  saignement de nez,
  MELILOTUS 9 CH.
- Avec larmoiement,
  PULSATILLA 9 CH.
- Avec frissons ou frilosité,
  SILICEA 9 CH.
- Avec battements de cœur,
  SPIGELIA 9 CH.
- Avec diarrhée profuse,
  VERATRUM ALBUM 9 CH.
- Avec sueurs froides,
  VERATRUM ALBUM 9 CH.

Les médicaments ci-dessus
agiront d'autant mieux qu'ils
seront donnés dès le début du
mal de tête.

Tétée

▶ Voir **Alimentation**.

Thermalisme

▶ Voir **Cures thermales**.

Thyroïde

Les hormones thyroïdiennes

La glande thyroïde sécrète
des hormones qui ont pour
rôle d'assurer la croissance de
la taille, le développement des
ongles, des cheveux et des
dents, l'ossification, le main-
tien de la température corporelle, du rythme cardiaque,
d'aider à la maturation intellectuelle.

Le faciès lunaire

Si l'organisme manque
d'hormone thyroïdienne, on
parle de myxœdème, ou hy-
pothyroïdie. Cette affection
peut se voir dès les premiers
jours de la vie (un cas sur
quatre mille naissances).
En cas d'hypothyroïdie
congénitale, le nourrisson est
apathique ; il ne crie pas, ne
s'intéresse à rien. Sa température est au-dessous de la
normale. Son visage est trop
rond, bouffi, pâle, lunaire. Il
a la bouche ouverte, une grosse
langue. Ses muscles sont mous.
Il est constipé, n'a pas faim,

alors que son poids est normal.

Il faut consulter dès que l'on remarque cet état pour éviter un retard osseux important qui pourrait aboutir au nanisme et au retard intellectuel, avec goitre.

Le traitement classique par remplacement des hormones manquantes est de règle. L'homéopathie ne sera qu'un traitement complémentaire.

Le regard tragique

Si les hormones sont en excès, il s'agit de la maladie de Basedow, ou hyperthyroïdie, qui se voit surtout chez la fille au-delà de dix ans. Comme chez l'adulte, les symptômes sont : amaigrissement, tremblement, fatigue, sudation, yeux saillants donnant un regard tragique, pouls rapide. L'enfant est particulièrement nerveux, irritable, coléreux.

Une forme fruste peut se soigner exclusivement par l'homéopathie. Une forme marquée sera avant tout du domaine des médicaments chimiques, les antithyroïdiens de synthèse, avec l'homéopathie comme complément.

Tics

Inutile de le gronder

Maladie plus fréquente chez le garçon entre cinq et dix ans, les tics sont des mouvements saccadés et brusques que l'enfant reproduit plus ou moins consciemment, et qui concernent le plus souvent la face, le cou, les épaules.

Inutile de le gronder : il se rend compte de son état et, pourtant, il ne peut s'empêcher de continuer. Les remarques de l'entourage ne font qu'aggraver son anxiété, d'où risque de redoublement des tics. Les tics cessent pendant le sommeil, ce qui les distingue des mouvements de la danse de Saint-Guy, ou chorée (voir ce mot).

Les plus fréquents sont : les mouvements latéraux de la tête, le clignement des yeux ou l'écarquillement des paupières, les bruits de bouche et de gorge, les ronflements, les grimaces, les mouvements d'épaule. Le tic peut changer selon les périodes.

On remarque une aggravation lors de la rentrée des classes, en cas de mauvaises notes, leçons mal sues, en cas de perturbation de l'équilibre familial.

Le traitement homéopathique

Un traitement homéopathique choisi selon la personnalité, le terrain de l'enfant, le débarrassera mieux de ses tics que la médecine chimique. Si on ne peut consulter, donner :

AGARICUS MUSCARIUS 9 CH,
NATRUM MURIATICUM 9 CH,
trois granules trois fois par jour, jusqu'à cessation.

On peut recommencer le traitement en cas de rechute.

Ne pas soigner les « faux tiqueurs »

Lorsqu'un enfant a des tics, certains de ses camarades ont tendance à l'imiter. Cela n'a aucune valeur pathologique. Ne pas traiter, cela passera tout seul.

Timbre tuberculinique

▶ Voir **Tuberculino-réaction**.

Timide

▶ Voir **Comportement**.

Toilette

▶ Voir **Hygiène**.

Torticolis

Torticolis après un faux mouvement

Donner :
ARNICA 9 CH,
trois granules toutes les heures jusqu'à amélioration.

Torticolis d'origine virale

Il existe une maladie virale bénigne (évoluant par petites épidémies) au cours de laquelle il y a des douleurs du cou et de la fièvre. Dans ce cas, donner :

RHUS TOXICODENDRON 9 CH,
trois granules trois fois par jour, pendant cinq jours.

Si l'affection est très douloureuse, ajouter de l'aspirine à raison de 50 milligrammes par kilo de poids et par jour (répartis en quatre prises).

Torticolis spasmodique

En cas de spasme du cou qui tire périodiquement la tête de l'enfant sur le côté, donner :

CUPRUM METALLICUM 9 CH,
NATRUM MURIATICUM 9 CH,
trois granules de chaque trois fois par jour.

Montrer l'enfant à un médecin si cela persiste.

Torticolis congénital

Lors de la naissance ou un peu plus tard, on peut constater que la tête du bébé est penchée sur le côté. On ne peut la remettre droite, même avec des gestes patients et délicats. Un des muscles du cou (le sterno-cléido-mastoïdien) est dur comme une corde et raccourci. Il faudra opérer avant l'âge de deux ans. En attendant, donner :

ARNICA 12 CH,
une dose par semaine, deux mois sur trois, jusqu'à l'intervention.

Touche à tout

▶ Voir **Comportement** (hyperactif).

Toux

La toux est un bon symptôme

La toux correspond à un réflexe qui se déclenche lors de la présence d'un corps étranger dans la gorge ou les bronches. Dans certaines maladies infectieuses, les muqueuses de l'arbre respiratoire sécrètent un mucus qui a pour rôle de stopper la progression des microbes ou des virus. Ce mucus constitue un corps étranger que l'organisme élimine par la toux. La toux est donc utile.

Le « sirop contre la toux » est une erreur

Le sirop classique, habituellement prescrit pour calmer la toux, est efficace dans la mesure où il stoppe le réflexe gênant, mais alors le mucus reste dans les bronches et les encombre, ce qui est illogique.

Au contraire, le médicament homéopathique, soigneusement sélectionné d'après les symptômes particuliers, est actif et sans inconvénient : il commence par renforcer la toux, mais cela sert à débarrasser les bronches du mucus infecté ; lorsqu'elles sont nettoyées, le réflexe de toux s'arrête de lui-même.

Les causes de la toux

On ne peut se contenter du diagnostic de toux. Il faut en chercher la cause (voir **Asthme**, **Broncho-pneumopathies**, **Bronchite**, **Coqueluche**, **Laryngite**). Au besoin, consulter.

Le traitement

Utiliser les conseils ci-dessous un jour ou deux. Si l'enfant ne guérit pas rapidement, consulter le médecin pour en savoir plus.

Donner trois granules trois fois par jour du ou des médicaments sélectionnés (et cela quel que soit l'âge), jusqu'à cessation.

Selon la cause déclenchante

- Toux après un coup de froid sec,
  ACONIT 9 CH.
- Toux en avalant,
  BROMUM 9 CH.
- Toux due aux vers,
  CINA 9 CH.
- Après une contrariété,
  IGNATIA 9 CH.
- Toux allergique,
  IPECA 9 CH.
- Toux en dormant, qui ne réveille pas l'enfant,
  CHAMOMILLA 9 CH.
- Toux déclenchée en touchant son larynx,
  LACHESIS 9 CH.
- Toux à l'effort,
  PULSATILLA 9 CH.
- Toux au moindre courant d'air frais,
  RUMEX CRISPUS 9 CH.
- Toux lorsqu'il parle ou rit,
  STANNUM 9 CH.
- Après s'être baigné,
  RHUS TOXICODENDRON 9 CH.

Selon les modalités

Aggravation :

- Par le mouvement,
  BRYONIA 9 CH.

- Lorsqu'il entre dans une pièce chaude,
  BRYONIA 9 CH.
- Lorsqu'il boit,
  DROSERA 9 CH.
- Lorsqu'il s'allonge,
  DROSERA 9 CH.
- Lorsqu'il entre dans une pièce froide,
  RUMEX CRISPUS 9 CH.

Amélioration :

- Par l'émission d'un renvoi ou d'un gaz,
  SANGUINARIA 9 CH.
- En mangeant, en buvant,
  SPONGIA 9 CH.

Selon les sensations

- Toux sèche,
  BRYONIA 9 CH.
- Sensation que la toux vient de l'estomac (chez le grand enfant capable de s'exprimer correctement),
  BRYONIA 9 CH.
- Sensation de poitrine pleine de mucus, mais rien ne sort (chez le grand enfant capable de cracher),
  CAUSTICUM 9 CH.
- Toux incessante, chaque paroxysme suit le précédent,
  DROSERA ROTUNDIFOLIA 9 CH.
- Sensation d'irritation, de chatouillement de la trachée,
  IPECA 9 CH.

- Toux grasse avec expectoration filante,
  KALIUM BICHROMICUM
  9 CH.
- Toux avec sensation d'une miette de pain dans le larynx,
  LACHESIS 9 CH.
- Toux grasse le jour, sèche la nuit,
  PULSATILLA 9 CH.
- Toux rauque comme un chien qui aboie,
  SPONGIA 9 CH.

Selon les symptômes concomitants

- Toux avec laryngite, voix rauque,
  DROSERA
  ROTUNDIFOLIA 9 CH.
- Toux avec saignement de nez,
  DROSERA
  ROTUNDIFOLIA 9 CH.
- Toux avec nausées,
  IPECA 9 CH.
- Toux avec suffocation,
  SAMBUCUS NIGRA 9 CH.
- Toux avec larynx douloureux,
  SPONGIA 9 CH.

Toxicomanie

▶ Voir **Drogue**.

Toxicose

La déshydratation aiguë

Aujourd'hui, la toxicose est désignée sous le nom de déshydratation aiguë du nourrisson. En effet, il s'agit de la perte rapide d'une partie importante de l'eau et des sels de l'organisme, cette fuite prenant très vite un caractère grave en l'absence de gestes prompts et efficaces.

Les symptômes, souvent de survenue brutale, sont : faciès « de petit vieux », regard absent, yeux cernés et excavés ; la peau garde le pli quand on la pince ; la fontanelle, si elle existe encore, est creuse ; il y a une perte rapide du poids (de 10 à 20 p. 100 en quelques heures) ; la fièvre est élevée ; l'enfant est immobile, sans réaction.

Les principales causes

La déshydratation aiguë du nourrisson peut survenir à la suite de :
- diarrhée aiguë, qui réalise une importante perte liquidienne ;
- vomissements abondants et répétés ;
- sueurs profuses (enfant trop couvert, ou ayant séjourné dans un endroit trop chaud : se méfier en particulier de

la voiture laissée au soleil) ;
- pertes urinaires importantes ;
- foyer infectieux (otite, rhinopharyngite, broncho-pneumopathie, etc.).

Avant tout réhydrater

Le traitement principal est la réhydratation d'urgence en milieu spécialisé avec apport des principaux minéraux que l'enfant a pu perdre. On soigne également la cause déclenchante.

En cas de suspicion de toxicose, alerter immédiatement le médecin ou transporter l'enfant dans un service de pédiatrie. En même temps lui donner un biberon d'eau sucrée dans lequel on aura fait fondre :
AETHUSA CYNAPIUM 9 CH,
PHOSPHORUS 9 CH,
trois granules de chaque.

On essaiera de donner ce biberon même si l'enfant vomit.

Toxoplasmose

Une maladie discrète

Le toxoplasme, *Toxoplasma Gondii*, est un parasite microscopique. Il est l'hôte d'animaux divers, principalement du chat, dont les déjections transmettent la maladie. On peut aussi contracter la maladie après consommation de viande mal cuite.

Chez l'homme, la toxoplasmose passe souvent inaperçue. Il y a parfois des ganglions, quelques douleurs, un peu de fièvre et des nausées, rien en somme qui permette de faire le diagnostic. On ne peut en être certain que par le dosage des anticorps spécifiques (70 à 80 p. 100 des adultes ont ces anticorps). De toute manière il s'agit d'une maladie bénigne.

La toxoplasmose pendant la grossesse

C'est seulement chez la femme enceinte que la toxoplasmose pose un problème, non pour la mère mais pour l'enfant. Si la femme est contaminée pendant le premier trimestre de la grossesse, il peut se produire un avortement spontané (ce qui, somme toute, est le moindre mal) mais aussi des malformations de l'enfant à naître : cataracte, lésion rétinienne, hydrocéphalie (voir ce mot), microcéphalie (tête trop petite), convulsions, jaunisse.

Si la toxoplasmose survient en fin de grossesse, l'enfant

est normal, mais atteint de la maladie.

Le problème principal est donc la survenue de fièvre et de ganglions chez une femme enceinte. Il ne faut pas considérer cet épisode comme une simple grippe. On doit penser à la toxoplasmose et consulter. Devant la montée des anticorps, le médecin pourra proposer selon les cas :

– un avortement thérapeutique si l'affection se situe dans les premiers mois de la grossesse ;
– un traitement antibiotique spécifique, à base de spiramycine, dans la deuxième partie de la grossesse.

Sur le plan homéopathique, la mère prendra, quelle que soit la solution retenue :

SILICEA 12 CH,
une dose par semaine pendant trois mois.

Chez l'enfant contaminé, le traitement sera également spiramycine et SILICEA (même posologie).

Prévention

Éloigner le chat en début de grossesse si la femme enceinte n'a pas suffisamment d'anticorps. Elle ne devra jamais consommer de viande crue ou mal cuite.

Trac

Avant un examen ou une épreuve sportive

Donner à l'enfant trois granules trois fois par jour, en commençant quelques jours avant les épreuves et en continuant pendant toute leur durée :

● Si l'enfant tremble et est excité ; s'il a envie d'avoir fini avant même d'avoir commencé,
ARGENTUM NITRICUM 9 CH.

● Si l'enfant tremble et est au contraire apathique, comme sidéré,
GELSEMIUM 9 CH.

● S'il manque de confiance en lui mais semble « regonflé » lorsqu'on l'encourage,
SILICEA 9 CH.

● S'il a l'impression de ne rien savoir,
PHOSPHORICUM ACIDUM 9 CH.

Trachéite

L'inflammation spécifique de la trachée est d'un diagnostic difficile. Consulter.

▶ Voir **Toux**.

Transpiration

Risque de déshydratation chez le nourrisson

La transpiration est un moyen de lutte contre la chaleur. Un nourrisson trop couvert ou laissé dans une pièce surchauffée, ou dans une voiture au soleil, transpire beaucoup : il y a alors risque de déshydratation (voir **Toxicose**).

Pas d'antitranspirant chez le grand enfant

Un enfant transpire lorsque son organisme a besoin d'éliminer. Ne jamais empêcher ce processus naturel en utilisant des antitranspirants pour les pieds, ou un déodorant. Agir uniquement par la voie homéopathique : le symptôme disparaît quand il n'est plus nécessaire.

La solution homéopathique

Donner trois granules trois fois par jour, jusqu'à disparition de la transpiration en excès.

Selon la cause

- Transpiration en s'endormant,
  CALCAREA CARBONICA 9 CH.

- A cause d'une obésité,
  CALCAREA CARBONICA 9 CH.

- Au moindre exercice,
  CHINA RUBRA 9 CH.

- Après une maladie aiguë,
  CHINA RUBRA 9 CH.

- Au cours d'un accès de fièvre,
  MERCURIUS SOLUBILIS 9 CH.

- Après les repas,
  NATRUM MURIATICUM 9 CH.

- Après une frayeur,
  OPIUM 9 CH.

- Sans cause précise,
  PILOCARPUS 9 CH.

- Au réveil,
  SAMBUCUS NIGRA 9 CH.

- Transpiration due à l'émotivité,
  SEPIA 9 CH.

Selon les modalités

- Aggravation la nuit,
  MERCURIUS SOLUBILIS 9 CH.

- Aggravation dans une pièce surchauffée,
  PULSATILLA 9 CH.

Selon les symptômes concomitants

- Sueurs chaudes,
  CHAMOMILLA 9 CH.

- Sueurs qui fatiguent,
  CHINA RUBRA 9 CH.

- Sueurs de mauvaise odeur

pendant un accès de fièvre,
MERCURIUS SOLUBILIS
9 CH.

- Mauvaise odeur sous les
  bras,
  SEPIA 9 CH.

- Pieds malodorants,
  SILICEA 9 CH.

- Mauvaise odeur corporelle,
  THUYA 9 CH.

Transports (Mal des)

L'enfant est particulièrement sensible au mal des
transports (automobile, avion,
bateau, etc.). Quels que soient
les symptômes (nausées, vomissements, vertiges, sensation de vide ou de faiblesse,
grognements), donner trois
granules une demi-heure avant
le départ, à répéter pendant
toute la durée du voyage
chaque fois qu'il recommence
à se plaindre.

- Aggravation en mangeant,
  en bougeant les yeux, à la
  vue du mouvement, au
  grand air,
  COCCULUS INDICUS 9 CH.

- Amélioration en mangeant,
  PETROLEUM 9 CH.

- Malaise accompagné de
  sueurs froides,
  PETROLEUM 9 CH.

- Amélioration au grand air
  (il va mieux quand on baisse

les vitres de la voiture),
quand on défait ses vête-
ments, ou lorsqu'il ferme
les yeux,
TABACUM 9 CH.

▶ Voir aussi **Voyage**.

Traumatismes

Un choc violent

En cas de traumatisme bé-
nin sans blessure de la peau,
ou en cas de traumatisme grave
(crânien ou autre), en association au traitement dispensé
dans un service spécialisé, on
peut donner :
ARNICA 9 CH,
HYPERICUM 9 CH,
trois granules de chaque trois
fois par jour jusqu'à amélioration.

Surveillance après
un traumatisme crânien

L'enfant est rentré chez lui
après un traumatisme crânien
traité dans un service spécialisé. Lui donner :
NATRUM SULFURICUM
12 CH,
une dose par semaine pendant
trois mois.
Alerter le médecin en cas
de vomissements, maux de
tête, somnolence, fatigue
anormale, manque d'équilibre
à la marche, difficulté d'élo-
cution, troubles visuels ou

toute autre manifestation inexplicable.

▶ Voir également **Blessures**, **Yeux** (traumatisme).

Trisomie 21

Ne parlons plus de mongolien

Les termes mongolien, mongolisme, ne doivent plus être employés car ils évoquent une forme de rejet social. Il faut appeler cette maladie de son nom scientifique, trisomie 21, qui souligne l'anomalie caractéristique des chromosomes reconnue comme origine de ces troubles.

Les chromosomes sont des éléments de la cellule, apparaissant sous forme de petits bâtonnets au moment où celle-ci se divise. Ils sont porteurs des facteurs héréditaires et des caractères spécifiques de chaque individu. Ils constituent en quelque sorte la programmation génétique et président au développement harmonieux de l'organisme.

De temps à autre (un cas sur sept cents), l'œuf fécondé possède trois chromosomes 21 au lieu de deux habituellement. Cela est confirmé par le *caryotype*, ou analyse microscopique du noyau de la cellule. Les mères âgées courent plus de risque que les autres de donner naissance à un enfant trisomique.

L'enfant trisomique

Son aspect est très caractéristique.

Le *visage* est rond, avec des yeux bridés (c'est-à-dire que les paupières sont rapprochées par un pli de peau au coin interne de l'œil, d'où l'ancien nom de la maladie) ; la *langue* est volumineuse.

Le *cou* est épais, court, avec une nuque plate.

Au niveau des *mains* se reconnaît l'anomalie qui permet un diagnostic précoce : il n'y a qu'un seul pli dans la paume, au lieu du « M » habituel (il existe des sujets non trisomiques porteurs de cette anomalie).

La *taille* est petite, les muscles sont mous.

Le *cœur* est parfois porteur d'une malformation minime qui, le plus souvent, guérit spontanément.

Sur le plan du *psychisme*, le nourrisson est en retard (voir ce mot) dans ses acquisitions.

L'évolution du retard psychique dépendra de l'attitude de la famille. Si l'on s'occupe beaucoup de l'enfant, son déficit sera moins marqué.

Adulte, il pourra même avoir un métier.

Attention aux infections

Le trisomique est particulièrement sensible aux infections des voies aériennes : rhino-pharyngite, tendance à la bronchite.

Le conseil génétique

Chez toute femme enceinte de plus de trente-huit ans, on peut faire actuellement une ponction du liquide amniotique (le liquide de la « poche des eaux »). On étudie les cellules de ce liquide. Si la trisomie 21 est dépistée, les parents peuvent demander (ou non selon leurs convictions) un avortement thérapeutique.

Si on a déjà un enfant trisomique, le généticien pourra dire s'il y a risque (ce qui est rare) d'anomalie chez les enfants à venir.

L'aide de l'homéopathie

Aucun traitement ne peut intervenir sur l'anomalie génétique.

Cependant :
BARYTA CARBONICA
30 CH,
une dose par mois pendant toute l'enfance,
aidera le trisomique à se maintenir en bonne santé physique et à être au mieux de ses possibilités psychiques.

Trousse d'urgence

▶ Voir **Pharmacie familiale**, page 12.

Tuberculino-réaction

En direct du bacille de Koch

Divers tests permettent de savoir si l'organisme de l'enfant a été en contact avec le bacille de la tuberculose, le bacille de Koch, ou le bacille atténué (B.C.G.). On utilise pour cela la toxine du bacille de Koch et l'on étudie la réaction à son application sur ou dans la peau. On utilise :

– *le timbre tuberculinique* (se méfier du sparadrap qui peut, par allergie, provoquer des réactions faussement positives) ;
– *la percuti* qui consiste à frotter sur la peau un peu de tuberculine concentrée ;
– *la cuti :* on dépose de la tuberculine après scarification ;
– *l'intra-dermo-réaction :* la tuberculine est injectée dans le derme (couche interne de la peau) à l'aide d'une aiguille ; actuellement, on se sert d'une bague de multipuncture en plastique, c'est la méthode la plus fiable et la moins inquiétante pour l'enfant.

Un résultat positif, qui témoigne d'une véritable allergie à la tuberculine, se marque par une rougeur et éventuellement une élevure de la peau. On parle de « virage » lorsque le précédent examen était négatif, et l'on considère qu'il y a eu primo-infection (voir ce mot) par le bacille.

La tuberculine responsable ?

Certains parents accusent la tuberculine de déclencher une série de rhumes ou d'otites chez leur enfant, ou une baisse de l'état général.

Ce n'est pas une raison pour refuser systématiquement la cuti ou ses variantes, si elle est nécessaire.

Après la lecture du résultat, donner à l'enfant une dose de :
TUBERCULINUM 30 CH,
à répéter au bout de quinze jours.

On évitera ainsi les complications.

Tuberculose

Moins grave chez l'enfant

La tuberculose a moins de conséquences fâcheuses qu'autrefois, elle est aussi plus

rare et accessible au traitement. De plus, elle est moins grave chez l'enfant que chez l'adulte.

Le dépistage se fait à l'occasion :
– d'une tuberculino-réaction (voir ce mot) ; lorsqu'elle est positive, on parle de primo-infection (voir ce mot) ;
– d'une radiographie pulmonaire systématique ;
– d'un examen médical révélant des symptômes pulmonaires ou beaucoup plus rarement des signes ostéo-articulaires, rénaux, méningés.

En plus du traitement classique

Le traitement repose sur les antibiotiques antituberculeux. On ajoutera pendant toute la durée du traitement :
TUBERCULINUM 9 CH,
une dose par semaine ;
PULSATILLA 9 CH,
trois granules trois fois par jour, sauf le jour de la dose de TUBERCULINUM.

En cas de tuberculose dans l'entourage

Si l'on a la connaissance d'un cas de tuberculose dans l'entourage, l'enfant sera montré au médecin pour examen et tuberculino-réaction. Il sera éloigné de toute personne porteuse d'une tuberculose en évolution.

Typhoïde

Priorité au chloramphénicol

Autrefois, les homéopathes guérissaient par leur seul traitement un certain nombre de cas de fièvre typhoïde.

De nos jours, il existe un antibiotique, le chloramphénicol, actif contre le bacille d'Eberth, responsable de la maladie, et qui l'empêche d'émettre sa dangereuse toxine. Ce médicament aura donc priorité sur l'homéopathie qui nécessite une soigneuse sélection des symptômes et ne sera efficace que dans les cas particulièrement riches en renseignements exploitables. On n'a pas le droit d'être efficace à 80 p. 100 lorsqu'on peut l'être à 100 p. 100 avec le chloramphénicol.

Une gastro-entérite avec torpeur

Après une incubation de dix à quinze jours pendant lesquels on observe un malaise général, surviennent les symptômes : gastro-entérite, fièvre persistante à 39 ou 40 °C, avec parfois pouls plus lent que ne le voudrait la température, abattement, torpeur, manque d'appétit. On peut voir aussi des hémorragies intestinales, des taches rosées sur le ventre, le thorax, les cuisses.

Le médecin constate que la rate est grosse. Il fait rechercher le microbe dans le sang ainsi que les anticorps de la maladie (séro-diagnostic de Widal).

En période d'épidémie, il faut vacciner les personnes saines.

u - v

Ulcère d'estomac

▶ Voir **Estomac**.

Urinaire (Infection)

Cystite ou infection urinaire ?

L'infection urinaire est l'envahissement microbien de tout ou partie des voies urinaires excrétrices (uretères, vessie, urètre). Elle est fréquente chez l'enfant, principalement la fille (trois cas sur quatre). Elle doit être diagnostiquée à temps afin d'éviter la constitution, après quelques années d'évolution, de lésions irréversibles.

Les principaux symptômes en sont :

– une *cystite*, qui est la localisation particulière de l'infection urinaire à la vessie ; il y a alors des brûlures en urinant (ou des pleurs chez le nourrisson), douleurs abdominales, besoins très fréquents, incontinence diurne des urines (frappante chez le grand enfant), urines troubles avec éventuellement sang ou pus, albumine ;

– parfois une *pyélonéphrite* qui correspond à l'infection des uretères et des cavités rénales à ne pas confondre avec la néphrite (voir ce mot) ; on est alerté par des douleurs de la région rénale, parfois remplacées par de vagues douleurs abdominales.

L'infection peut être découverte par hasard à l'occasion d'un examen systématique des urines, au cours d'une visite médicale de routine (chez le pédiatre ou en milieu scolaire).

La fièvre inexpliquée

Il existe aussi des cas où l'enfant présente une fièvre sans symptôme particulier, qu'on aurait tendance à appeler grippe. Le médecin consulté pense à une infection urinaire et demande les examens nécessaires.

Il n'y a pas que le colibacille

Les examens de laboratoire qui confirment le diagnostic se font sur de l'urine fraîche qui doit être recueillie de manière aseptique dans un bocal stérile, après sérieux nettoyage des organes génitaux. Chez le nourrisson on se sert d'un collecteur spécial (on évite en général la sonde). Chez le grand enfant on remplit le bocal avec le milieu du jet. Apporter l'urine immédiatement au laboratoire pour permettre un bilan précis.

Les recherches pratiquées concernent :
- la présence de globules blancs et rouges en nombre inhabituel ;
- la présence de globules blancs en nombre inhabituel ;
- l'identification du microbe responsable : colibacille, mais aussi protéus, pyocyanique, staphylocoque, streptocoque, etc. ; on compte également la quantité de germes (l'infection est certaine à partir d'un million de germes par centimètre cube d'urine).

Les examens sont intéressants en crise (pour confirmer le diagnostic et connaître le nom de l'agent responsable) mais aussi en dehors des crises (pour savoir si l'enfant est vraiment guéri).

Le reflux vésico-urétéral

La cause principale d'infection urinaire chez l'enfant est une petite malformation appelée reflux vésico-urétéral, qui consiste en une anomalie de l'abouchement de l'uretère (d'un côté ou des deux) à la vessie. Dans 80 p. 100 des cas il s'agit d'une fille. Le diagnostic est fait à l'aide de radiographies.

Beaucoup de ces reflux guérissent avant l'âge de quatre ans. Sinon on doit se résoudre à l'intervention chirurgicale. On a donc intérêt à patienter jusqu'à cet âge avec un traitement homéopathique, beaucoup plus efficace, s'il est normalement suivi, que les antibiotiques au long cours. La surveillance des urines et les radiographies permettent au médecin de suivre l'évolution.

Les autres causes

Chez la fille il faut aussi penser à une infection urinaire compliquant une vulvovaginite due à la mauvaise manière de se nettoyer ou de s'essuyer après avoir été aux toilettes (il faut aller d'avant en arrière et non d'arrière en avant).

Autres causes : la constipation, les calculs urinaires (voir ces mots).

En cas de cystite

S'il s'agit d'une première manifestation de cystite, donner jusqu'à guérison :
CANTHARIS 9 CH,
HEPAR SULFURIS CALCAREUM 9 CH,
trois granules de chaque trois fois par jour.
Consulter en cas de crises à répétition.

Urine au lit

▶ Voir **Énurésie**.

Urticaire

Comme des piqûres d'orties

L'urticaire se reconnaît à ses placards rouges ou roses sur la peau, légèrement surélevés, et qui démangent beaucoup. Cela ressemble à des piqûres d'orties (d'où son nom).

Elle est le témoin d'une allergie (voir ce mot) due à des causes variables : alimentaire, médicamenteuse, nerveuse ou à des agents physiques (soleil,

chaleur, froid), des piqûres d'insectes.

En cas de crise, donner :
APIS 9 CH,
trois granules trois fois par jour jusqu'à amélioration.
Consulter en cas de rechute.

Vaccination

Le rôle de la vaccination

Elle a un rôle préventif. Il s'agit, par un moyen aussi peu toxique que possible, d'empêcher la survenue des maladies infectieuses, microbiennes ou virales. On injecte des microbes atténués (coqueluche, tuberculose), des virus atténués (poliomyélite, rougeole, rubéole, variole), des toxines microbiennes atténuées (diphtérie, tétanos).

Vacciner ou ne pas vacciner ?

L'homéopathe est tiraillé entre deux constatations opposées :
– les vaccins protègent contre les maladies qui étaient autrefois des fléaux, la poliomyélite par exemple ;
– les vaccins ont certains inconvénients.
Ne parlons pas des complications majeures comme l'encéphalite (voir ce mot) qui est exceptionnelle, mais de la

petite pathologie quotidienne (infection des voies aériennes supérieures notamment) qui risque de s'installer.

Alors, vacciner ou ne pas vacciner ? La réponse est à la fois simple et compliquée. Simple lorsqu'il s'agit de maladies graves ou mortelles. Il n'est pas question d'éviter les vaccinations contre le tétanos ou la poliomyélite. Compliquée pour les vaccinations contre les maladies rares (tuberculose) ou bénignes (rougeole).

En résumé

Vaccins à faire obligatoirement

Tétanos, **poliomyélite**.

Vaccins facultatifs

Diphtérie (obligatoire en cas d'épidémie), **rage** (obligatoire en cas de morsure suspecte), **tuberculose** (à ne faire que chez l'enfant sans problème au niveau des voies aériennes supérieures, ou en cas de tuberculose dans la famille), **rubéole** (obligatoire chez la jeune fille pubère non immunisée et susceptible d'être enceinte), **typhoïde** (sauf en cas d'épidémie).

Vaccins inutiles

Coqueluche (l'homéopathie est très efficace, même chez le nourrisson), **grippe**, **rougeole**

(sauf chez les petits Africains), **variole** (qui n'est plus obligatoire en France depuis 1979, sauf pour les revaccinations de la onzième année, quand l'enfant a été vacciné à la naissance).

Les contre-indications officielles

Il existe des cas où la médecine classique reconnaît le danger de certaines vaccins. Voici la liste des principales contre-indications officielles.

Circonstances ou maladies	Pas de vaccination contre
Carences immunitaires	Tuberculose
Traitement immunodépresseur	Variole
Insuffisance rénale	Diphtérie Tétanos Typhoïde
Épilepsie	Coqueluche Variole
Eczéma	Tuberculose Variole
Nourrisson de moins de trois mois	Pas de vaccination (sauf le B.C.G., mais il n'est obligatoire qu'à l'entrée à l'école primaire)

Prévention
des complications

Donner à l'enfant le soir de chaque vaccination,
THUYA 30 CH,
une dose.

En cas de complications

Si la dose ci-dessus n'a pas été prise, et que les complications surviennent, donner trois granules de l'un des médicaments suivants, jusqu'à guérison.

● Abcès,
SILICEA 9 CH.

● Amaigrissement,
SILICEA 9 CH.

● Asthme,
ANTIMONIUM TARTARICUM 9 CH.

● Convulsions,
SILICEA 9 CH.

● Diarrhée,
THUYA 9 CH.

● État général affaibli :
  – après une vaccination récente,
  THUYA 9 CH ;
  – après une vaccination ancienne :
  SILICEA 9 CH.

● Fièvre,
ACONIT 9 CH.

● Ganglions,
SILICEA 9 CH.

● Otites à répétition,
SILICEA 9 CH.

● Réaction locale de la peau :
  – en cas d'enflure,
  APIS 9 CH ;
  – de rougeur,
  BELLADONA 9 CH ;
  – de suppuration aiguë,
  MERCURIUS SOLUBILIS 9 CH ;
  – de croûte,
  MEZEREUM 9 CH ;
  – de suppuration chronique,
  SILICEA 9 CH ;
  – de pustule,
  THUYA 9 CH.

● Rhino-pharyngites à répétition,
SILICEA 9 CH.

Vaginite

▶ Voir **Vulvo-vaginite**.

Varicelle

Il faut qu'elle sorte

Due au même virus que le zona, la varicelle est une maladie bénigne (sauf chez l'enfant traité par la cortisone). Le nourrisson est protégé par les anticorps de sa mère jusqu'à l'âge de trois mois, si elle a eu elle-même la varicelle.

Après une incubation de deux semaines environ, survient une éruption légèrement fébrile, sous forme de petites vésicules. Elles peuvent se produire sur n'importe quelle partie du corps, par vagues successives. Elles contiennent un liquide clair, devenant trouble au bout de deux ou trois jours. Puis des croûtes se forment qui tombent vers le dixième jour, sans laisser de cicatrice, sauf si l'enfant s'est gratté. Les muqueuses peuvent être atteintes. La contagion dure pendant toute la période éruptive.

L'homéopathe préfère une varicelle importante, avec beaucoup de vésicules. Lorsqu'il n'y en a que deux ou trois, cela signifie que l'état général est déficient, que l'organisme se défend mal.

Traitement homéopathique

Donner à l'enfant :
ANTIMONIUM TARTARICUM 9 CH,
RHUS TOXICODENDRON 9 CH,
SULFUR 9 CH,
trois granules de chaque trois fois par jour, pendant dix jours.
Si la varicelle « sort » mal, s'il y a peu de vésicules, remplacer SULFUR par :
ZINCUM METALLICUM 9 CH,
même posologie.

Localement

On peut utiliser le talc au CALENDULA pour calmer les démangeaisons.

Éloigner les personnes âgées

La maladie guérit sans séquelles et confère l'immunité. Il faut éviter de laisser les personnes âgées en contact avec un enfant atteint de varicelle car elles peuvent être contaminées et développer alors un zona (très douloureux mais guérissable par l'homéopathie).

Végétarisme

▶ Voir **Alimentation**.

Végétations adénoïdes

Des auxiliaires efficaces

L'arrière-nez et la gorge de l'enfant sont souvent tapissés de petites formations translucides, les végétations adénoïdes, appelées couramment végétations. Elles se forment à l'occasion des épisodes infectieux des voies aériennes supérieures et sont le témoin de la lutte de l'organisme contre les virus et les microbes.

Les végétations représentent donc des auxiliaires efficaces qui participent à la fabrication des anticorps.

La présence de végétations en quantité modérée est donc normale, voire souhaitable. Il ne faut pas les faire enlever mais soigner les épisodes aigus et faire modifier le terrain par le médecin homéopathe afin d'empêcher toute complication (voir rhino-pharyngites).

En effet, la crainte habituelle du médecin est la possibilité de voir une série d'otites succéder à l'inflammation chronique des végétations, ou encore des sinusites à répétition. Il n'en sera rien avec un traitement homéopathique bien conduit.

En revanche, si on enlève les végétations, on n'a pas pour autant résolu le problème du terrain et les microbes attaqueront plus bas dans l'arbre respiratoire.

L'enfant adénoïdien

On reconnaît l'enfant qui a beaucoup de végétations adénoïdes à son faciès arrondi (qui disparaîtra vers l'âge de dix ans), à sa bouche toujours ouverte, à son ronflement continu plus marqué la nuit.

Ventre (Mal de)

Il pleure après la tétée

Si le nourrisson pleure après la tétée, il faut d'abord lui faire faire son rot. Si cela persiste, il faut penser qu'il peut avoir mal au ventre parce qu'il digère mal le lait. En général, il s'agit de lait du commerce. Voir alors le pédiatre pour choisir un autre lait, mieux adapté à l'enfant.

Pendant la crise douloureuse, glisser dans la bouche du nourrisson trois granules (éventuellement écrasés) de :

NUX VOMICA 9 CH.

Il montre son nombril

Un enfant qui a mal au ventre montre presque toujours son nombril quand on lui demande de préciser le siège de sa douleur. Parfois, il a des signes accompagnateurs : nausées, vomissements, diarrhée, ballonnements, pleurs.

Les causes du mal de ventre sont multiples :
– on redoute bien sûr l'appendicite ou la péritonite ;
– ou une autre urgence chirurgicale plus ou moins grave, comme l'invagination intestinale aiguë, l'inflammation du diverticule de Meckel (voir ce nom), une hernie étranglée, une occlusion intestinale, une torsion aiguë d'un testicule ;
– mais il peut s'agir plus simplement d'une infection :

une banale angine peut donner mal au ventre, de même qu'une rhino-pharyngite ; il peut s'agir d'une gastro-entérite ou d'une infection urinaire ;

– parmi les causes les moins sévères, et en fait les plus fréquentes, nous retiendrons : une indigestion, une crise d'acétone, la constipation, un gaz qui passe mal, des vers, la première menstruation de la fillette.

Une mention spéciale pour le mal au ventre « diplomatique » qui permet parfois d'échapper à l'école ou autres « corvées ». Dans ce cas, il n'y a jamais de signe accompagnateur.

Que faire ?

Appeler le médecin au moindre doute. Si l'état général semble bon, on peut commencer par donner, pendant quelques heures :
CHAMOMILLA 9 CH,
MAGNESIA
PHOSPHORICA 9 CH,
NUX VOMICA 9 CH,
trois granules de chaque toutes les demi-heures en alternant.

Verge

La longueur de la verge

Elle est variable d'un garçon à l'autre. Il n'y a pas de souci à se faire si elle est un peu petite, cela ne veut rien dire pour l'avenir.

En moyenne, sa longueur est de 3 cm à la naissance, 6 cm vers l'âge de cinq ans. Ensuite elle ne change plus jusqu'au début de la puberté : sa croissance va alors recommencer.

Le phimosis

Les garçons nouveau-nés ont souvent la peau du prépuce qui adhère au gland. Si l'anneau est vraiment serré, si aucun décalottage n'est possible, il s'agit d'un phimosis vrai. Il faudra prévoir une petite opération vers l'âge de trois ans.

Si le décalottage est à moitié possible, il faut le faire une fois par semaine. Prendre garde de bien rabattre le prépuce après la tentative, sinon il y a risque de paraphimosis, c'est-à-dire d'étranglement du gland, qui devient rouge par arrêt de la circulation sanguine. Il s'agit alors d'une urgence. En se rendant au cabinet médical, glisser dans la bouche de l'enfant trois granules de :
DIOSCOREA VILLOSA
9 CH.

La balanite

L'infection, la rougeur, voire une discrète apparition de pus sous le prépuce, est banale. C'est ce qu'on appelle la balanite. Se contenter, outre les soins d'hygiène, d'un peu de pommade au CALENDULA.

La balanite est à bien différencier du smegma, petit dépôt blanchâtre qui n'est pas pathologique.

L'hypospadias

Un garçon sur cent présente un hypospadias, qui est l'abouchement de l'urètre à un endroit inhabituel. Le traitement chirurgical s'impose.

Verrues

N'importe quoi peut guérir les verrues...

... Alors pourquoi pas l'homéopathie ? disent les détracteurs. Les cas de guérison sont trop nombreux pour qu'on puisse parler d'effet « psychosomatique », ou alors les homéopathes sont de très habiles psychosomaticiens !

Peut-on parler de virus ?

Effectivement il y a un virus susceptible de donner des verrues, mais sans un terrain particulier le virus n'a pas d'action : beaucoup de personnes fréquentent les piscines mais toutes n'y contractent pas des verrues.

Quelles verrues faut-il faire enlever ?

Aucune ! Une verrue enlevée repousse. Parfois même elles sont plus nombreuses après la chirurgie (ou le nitrate d'argent) qu'avant. Le traitement homéopathique est toujours la meilleure solution. Mais il faut du temps pour qu'il agisse.

Le traitement homéopathique

En cas de verrue récente donner à l'enfant (quelle que soit la localisation) :
ANTIMONIUM CRUDUM 9 CH,
NITRICUM ACIDUM 9 CH, trois granules de chaque trois fois par jour, pendant un mois.

Localement
Pommade au THUYA, une application par jour ; ou encore suc jaune de « l'herbe aux verrues », la grande chélidoine, que l'on trouve dans les chemins creux ou sur les vieux murs.

Consulter pour les cas anciens.

Vers

▶ Voir **Parasites.**

Vertige

Rare chez l'enfant

Le vertige (sensation de tourner dans le décor, ou bien que tout tourne autour de soi) est rare chez l'enfant.

S'il se produit, il s'agira souvent d'une cause banale : il suffit que l'enfant ait tourné sur lui-même en jouant, ou qu'il ait une fatigue passagère pour qu'il dise : « Ça tourne. » Quelques questions adroites et vous saurez que le repos est la seule solution.

D'autres causes sont plus sérieuses, comme l'infection de l'oreille moyenne, et méritent une consultation. En attendant l'avis du médecin, donner :

COCCULUS INDICUS 9 CH, trois granules toutes les heures.

Le vertige des hauteurs

Le vertige des hauteurs n'a rien à voir avec le vertige au sens médical du terme (voir ci-dessus). Il s'agit d'une sensation d'être attiré par le vide. Donner :

ARGENTUM NITRICUM 9 CH, trois granules toutes les heures ou trois fois par jour, selon les circonstances.

Vessie

▶ Voir **Urinaire** (infection).

Violent

▶ Voir **Comportement** (agressif).

Vipère (Morsure de)

▶ Voir **Morsures et piqûres d'animaux**.

Vision (Troubles de la)

▶ Voir **Vue**.

Vitamines

Faut-il donner des vitamines

Comme leur nom l'indique, les vitamines sont indispensables à la vie. Lorsque l'alimentation de l'enfant est variée et bien équilibrée, l'apport est suffisant, il n'y a pas besoin d'en ajouter sous forme de comprimés, gouttes ou ampoules (sauf éventuellement dans certains cas de rachitisme).

Rien ne vaut la vitamine C naturelle des agrumes ; la vitamine A des œufs, du beurre, du fromage ou du lait ; la vitamine B_1 des céréales non décortiquées (riz complet).

Vitiligo

Une perte de pigment

Le vitiligo est un trouble de la pigmentation. Certaines plages de peau sont décolorées, car elles ont perdu une partie de leurs pigments naturels alors que la bordure de la plaque est hyperpigmentée. On ne connaît pas l'origine de ce trouble.

Les taches de vitiligo ressortent particulièrement, par effet de contraste, sur un corps bruni au soleil.

Il existe des produits augmentant la sensibilité de la peau aux rayons ultraviolets (artificiels ou ceux du soleil). Les résultats sont décevants. Il n'y a pas de traitement homéopathique.

Voleur

▶ Voir **Comportement**.

Vomissement

Banal ou inquiétant ?

Tout peut se voir et il faut demander un avis médical au moindre doute. C'est l'abon-dance et la répétition des vomissements, leur association à d'autres symptômes, leur influence sur l'état général (déshydratation chez le nourrisson) qui imposeront éventuellement une consultation d'urgence. Mais il faut savoir qu'il existe des vomissements parfaitement anodins.

Il faut aussi distinguer vomissement et simple régurgitation d'aliments (ce qui est normal après la tétée).

Le nourrisson vomisseur

Il peut avoir une gastroentérite (mais alors la diarrhée est évocatrice), une otite, une maladie infectieuse plus ou moins sévère, une appendicite (rare), une occlusion, une hernie étranglée, une malformation du tube digestif (voir en particulier **Sténose du pylore**).

Souvent, il s'agira d'une simple indigestion, d'une banale erreur diététique, d'un peu d'aérophagie, ou d'un nourrisson tolérant mal les liquides et qui a besoin d'épaississants dans son alimentation.

Enfin le médecin parlera de « vomissements habituels du nourrisson » s'ils persistent quoi qu'on fasse jusqu'à six mois environ, sans perte de poids (élément très rassurant). L'affection guérit seule.

Le grand enfant vomisseur

Il a peut-être une crise d'acétone. Bien sûr, on ne peut pas négliger l'éventualité d'une appendicite, de migraines ou d'une intoxication médicamenteuse, ou par absorption d'un produit ménager. Ce peut être tout simplement une indigestion, ou, si vous êtes en voyage, un banal mal des transports.

▶ Voir **Acétone**, **Appendicite**, **Digestion difficile**, **Intoxication**, **Migraine**, **Transports (Mal des)**.

Traitement homéopathique

Si l'état général reste bon, ou en attendant l'avis du médecin, donner trois granules toutes les heures de l'un des médicaments suivants :

- Le nourrisson vomit le lait,
  AETHUSA CYNAPIUM
  9 CH.
- En cas de vomissements avec langue très chargée, recouverte d'un enduit blanc et épais (on dirait du lait mais ce n'en est pas),
  ANTIMONIUM CRUDUM
  9 CH.
- Vomissements sentant très mauvais,
  ARSENICUM ALBUM 9 CH.

- Vomissements d'eau sitôt bue,
  ARSENICUM ALBUM 9 CH.
- Vomissements pendant un voyage (mal des transports),
  COCCULUS INDICUS 9 CH.
- Vomissements de glaires,
  IPECA 9 CH.
- Vomissements de bile,
  IRIS VERSICOLOR 9 CH.
- Vomissements après un repas trop copieux,
  NUX VOMICA 9 CH.
- Vomissements avec langue chargée dans sa moitié postérieure,
  NUX VOMICA 9 CH.
- Vomissement de l'eau lorsqu'elle a séjourné dans l'estomac pendant un moment,
  PHOSPHORUS 9 CH.
- Vomissements après un repas trop gras,
  PULSATILLA 9 CH.

Que faire absorber à un enfant qui vient de vomir ?

Il va mieux. Il réclame à boire ou à manger. Que faire ? Rien sans avis médical si l'on suspecte une maladie qui relève de la chirurgie.

Chez un nourrisson, on peut essayer de donner un biberon d'eau. S'il ne la vomit pas, on passera ensuite au jus d'orange puis à l'alimentation habituelle.

Au grand enfant, on pourra offrir de la compote de pommes ou du riz.

Voyage

Bébé en voyage

Bébé n'est pas toujours à son aise en voyage. Les pays chauds l'accablent, il y transpire plus qu'il ne faut. Ne pas le soumettre à un climat pénible ; attendre l'âge de six ans.

Pour réussir le voyage

Si l'enfant a peur en avion, lui donner trois granules trois fois dans la journée de :
ARGENTUM NITRICUM 9 CH.
En cas de mal des transports, voir **Transports** (mal des).

Une fois sur place

Donner trois granules trois fois par jour pendant toute la durée du séjour, en cas de troubles :

● Dans un pays chaud, ANTIMONIUM CRUDUM 9 CH.

● A la montagne, COCA 9 CH.

● Dans une région humide, DULCAMARA 9 CH.

● Au bord de la mer, NATRUM MURIATICUM 9 CH.

▶ Voir aussi **Vaccination**.

Vue (Troubles de la)

Quand faut-il faire examiner la vue d'un enfant

Avant l'âge scolaire : s'il tombe facilement, s'il reconnaît mal les images qu'on lui montre, s'il est maladroit, s'il louche (voir **Strabisme**).

A l'âge scolaire : s'il lit en approchant le livre près de ses yeux, s'il a de mauvais résultats en lecture, s'il a un retard scolaire, s'il se plaint de maux de tête en rentrant de l'école ou après les devoirs, s'il a fréquemment les yeux rouges ou s'il se plaint de fatigue à leur niveau.

Les principaux troubles

La myopie : difficulté à voir de loin parce que l'image se forme en avant de la rétine.

L'hypermétropie : difficulté à voir de près parce que l'image se forme en arrière de la rétine.

L'astigmatisme : déformation de la cornée.

L'amblyopie : acuité visuelle très réduite.

Ces troubles ne sont pas du domaine de l'homéopathie mais des verres correcteurs, parfois des lentilles cornéennes, de la gymnastique oculaire, quelquefois de la chirurgie.

La fatigue visuelle

Ce n'est qu'en cas de fatigue visuelle (sa vue est normale d'après les divers examens, mais il se plaint des yeux) qu'on pourra donner :
RUTA GRAVEOLENS
30 CH,
une dose par semaine, pendant deux ou trois mois.

▶ Voir aussi **Yeux**.

Vulvo-vaginite

La petite fille a fréquemment la vulve rouge. Cela peut s'accompagner de petites taches jaunâtres sur le slip, sans véritable écoulement de pus. A la rigueur, elle se plaindra de quelques brûlures en urinant. La toilette quotidienne remédiera facilement à cet inconvénient.

S'il y a des pertes blanches, c'est que le vagin est lui-même enflammé et l'on parle alors de vulvo-vaginite. Après avoir éliminé l'éventualité d'un corps étranger, on admettra qu'il s'agit d'une banale infection locale.

▶ Voir **Pertes blanches**.

y - z

Yeux

La conjonctivite

Elle peut se voir chez le nouveau-né par contamination microbienne au moment de l'accouchement.

Chez le plus grand enfant, microbes, virus ou allergie sont les reponsables. Le blanc de l'œil est rouge. Il peut y avoir un écoulement purulent.

Donner trois granules trois fois par jour de l'un (ou de plusieurs) des médicaments suivants :

- Conjonctivite après coup de froid sec sur l'œil,
  ACONIT 9 CH.

- Après avoir regardé intensément la neige,
  ACONIT 9 CH.

- Avec larmoiement non irritant,
  ALLIUM CEPA 9 CH.

- Si la conjonctive est enflée (on voit un bourrelet autour de l'iris),
  APIS 9 CH.

- Conjonctivite rouge sombre,
  BELLADONA 9 CH.

- Conjonctivite rouge clair,
  EUPHRASIA 9 CH.

- Avec larmoiement irritant la paupière inférieure,
  EUPHRASIA 9 CH.

- Avec pus irritant,
  MERCURIUS
  CORROSIVUS 9 CH.

- Avec pus non irritant,
  PULSATILLA 9 CH.

Localement

Instiller une goutte trois fois par jour du collyre :
  CALENDULA 3 DH,
  vingt gouttes,
  EUPHRASIA 3 DH,
  vingt gouttes,
  Sérum physiologique q.s.p.
  15 ml

Consulter s'il n'y a pas de résultat au bout d'un jour ou deux.

Larmoiement

Chez le nouveau-né, le larmoiement peut être dû à l'obstruction du canal lacrymal. C'est un problème que l'ophtalmologiste résoudra facilement.

Corps étranger dans l'œil

C'est bien sûr le médecin qui doit agir, et au plus vite. Pendant le transport au cabinet médical, faire sucer trois granules de :
  ARNICA 9 CH.

Traumatisme de l'œil

Donner trois granules trois fois par jour pendant quelques jours :

- Pour un coup sur le globe oculaire,
  SYMPHYTUM 9 CH.
- En cas d'ecchymoses sur les parties molles autour de l'œil,
  LEDUM 9 CH.

Cataracte

La cataracte est l'opacification du cristallin. Chez le nouveau-né elle est due à une malformation précédant la naissance, d'origine virale (rubéole principalement, voir ce mot). Chez le grand enfant, elle sera accidentelle.

Le traitement est chirurgical, s'il est possible. Après l'intervention donner à l'enfant :

SECALE CORNUTUM 9 CH, trois granules trois fois par jour, vingt jours par mois, pendant trois mois.

Zona

Des vésicules le long d'un trajet nerveux

Le zona est dû à la seconde sortie du virus de la varicelle. Il est donc rare chez l'enfant, puisqu'il faut qu'il ait eu la varicelle auparavant.

On verra des vésicules très localisées, en fait le long du trajet du nerf. Ce nerf est lui-même touché, ce qui provoque des douleurs sur son territoire (moins fortes que chez l'adulte). Si on cherche bien, on trouve un ganglion pas très loin de la région atteinte. Très exceptionnellement il pourra y avoir complication d'encéphalite (bénigne).

Dès la sortie de l'éruption, faire le traitement suivant (sauf en cas d'atteinte de la région oculaire ; dans ce cas consulter obligatoirement car il faut surveiller la cornée).

D'abord :
ARSENICUM ALBUM 30 CH,
une seule dose,
puis :
MEZEREUM 9 CH,
RANUNCULUS BULBOSUS 9 CH,
RHUS TOXICODENDRON 9 CH,
trois granules de chaque trois fois par jour pendant trois semaines.

L'enfant guérira toujours sans garder de séquelles.

Dans Le Livre de Poche pratique

Extraits du catalogue

SANTÉ, BIEN-ÊTRE, ENFANT

Composition réalisée par C.M.L., Montrouge.

IMPRIMÉ EN FRANCE PAR BRODARD ET TAUPIN
Usine de La Flèche (Sarthe).
LIBRAIRIE GÉNÉRALE FRANÇAISE - 6, rue Pierre-Sarrazin - 75006 Paris.

ISBN : 2 - 253 - 05172 - 1
⟐ 30/7791/4